FELIZES POR ENQUANTO

Geni Núñez

FELIZES POR ENQUANTO

Escritos sobre outros mundos possíveis

Planeta

Copyright © Geni Núñez, 2024
Copyright © Editora Planeta do Brasil, 2024
Todos os direitos reservados.

PREPARAÇÃO Gabriela Ghetti e Fernanda Simões Lopes
REVISÃO Ligia Alves e Caroline Silva
CAPA, PROJETO GRÁFICO E DIAGRAMAÇÃO Daniel Justi
ILUSTRAÇÕES DE CAPA E MIOLO Aislan Pankararu

Dados Internacionais de Catalogação na Publicação (CIP)
Angélica Ilacqua CRB-8/7057

Núñez, Geni
Felizes por enquanto : escritos sobre outros mundos
possíveis / Geni Núñez ; ilustração de Aislan Pankararu. -
São Paulo : Planeta do Brasil, 2024. 160 p. ; il.

ISBN 978-85-422-2859-5

1. Poesia brasileira 2. Amor 3. Relacionamentos I. Título II.
Pankararu, Aislan

24-3728   CDD B869.1

Índice para catálogo sistemático:
1. Poesia brasileira

Ao escolher este livro, você está apoiando o
manejo responsável das florestas do mundo

2024
Todos os direitos desta edição reservados à
Editora Planeta do Brasil Ltda.
Rua Bela Cintra, 986 - 4o andar - Consolação
01415-002 - São Paulo - SP
www.planetadelivros.com.br
faleconosco@editoraplaneta.com.br

Ao amado avô Mestre Bispo, todo o meu amor, carinho e gratidão por nossa fértil e vibrante amizade, que foi um dos presentes mais lindos que já tive. Seguirei celebrando o quanto fomos e somos felizes no enquanto de nossas confluências, que são começo, meio e começo.

11	PREFÁCIO, por Eliane Potiguara
15	APRESENTAÇÃO
19	AO NOSSO AMOR MUNDANO
21	POR UM AMOR QUE RESPEITE OS FINS
23	AS VANTAGENS DE UMA INTUIÇÃO DISTRAÍDA
26	A ALEGRIA EM COMPARTILHAR AMORES
29	MEIAS CORAGENS
31	QUANDO PENSO EM VOCÊ
34	DOS VÍNCULOS QUE NOS INSPIRAM A CANTAROLAR
36	OS ENCONTROS DE BEM-AVENTURANÇA
38	VOCÊ, UM BEIJA-FLOR QUE POUSOU NA MINHA SORTE
40	MINHA LIBERDADE NÃO (TE) CABE
43	ENQUANTO ESPERO SUA MENSAGEM
46	O AMOR É MEU MISTÉRIO FAVORITO
48	PODE ENTRAR, SÓ NÃO REPARE NA BAGUNÇA
51	ANTES EMOCIONADA QUE ANESTESIADA, VIVO

54	AO MESMO TEMPO
56	POLÍGONA
58	CONVERSA COM ÁLVARO DE CAMPOS
59	ANGÚSTIA
61	UMA PARTE SIM, OUTRA TAMBÉM
62	REFLORESTA
65	IR ALÉM DE SI
67	O REPERTÓRIO QUE VOCÊ TEM AGORA
69	UM AMOR DE PEQUENEZAS, QUANDO A PARTE JÁ É O TODO
71	O OUTRO LADO: A CAMINHADA PARA RESPEITAR OS FINS
74	SAZONALIDADES EMOCIONAIS, SUAS DORES E DELÍCIAS
78	POEMA EM LINHAS TORTAS – OUTRA CONVERSA COM ÁLVARO DE CAMPOS
81	TERRA VIVA, AMOR VIVO
83	IMPECÁVEL
85	FICANTES

87	TERRA FILHA
89	AMOR TEMPORÁRIO
92	SE EU NÃO ME ENGANO
94	COLECIONADORA DE NÃO SABER
97	O QUE SE CUMPRIU, MAS NÃO SE PROMETEU
99	UM AMOR QUE LUTE COMIGO
101	NÃO ME AME TANTO ASSIM
104	AO OUTRO AMOR DO MEU AMOR
106	CONTINGENTES
109	ESPERANÇA
111	EX-MULHER
114	O QUE FICA DE VOCÊ DEPOIS DA MINHA RAIVA
116	PERDER PARA ENCONTRAR
119	INVEJA E ADMIRAÇÃO
122	AMAR AO PRÓXIMO COMO SE FOSSE OUTRO
125	FELIZES POR ENQUANTO

128	COM QUEM SERÁ
129	DESISTÊNCIA DE GÊNERO
132	ALEGRIA PASSAGEIRA
135	FUGACIDADE PERENE
136	MEU AMOR NÃO É PLATÔNICO
138	MINHAS PAIXÕES NÃO SÃO DE CRISTO
139	CHE PY'A RORY NDAHA'ÉI CRISTO MBA'E
140	NÓS TAMBÉM SOMOS O CÉU
141	NHANDE MA YVA AVI JAIKO
142	EMBRIAGUEZ LÚCIDA
145	UM PRESENTE INESPERADO
148	COMPARAÇÃO
151	AMOR DA MINHA VIDA
153	MINHA PEQUENA LIBERDADE
155	CHEGUE DE MANSINHO
158	OBRAS E MÚSICAS CITADAS NO LIVRO

PREFÁCIO

Me dei conta de que Geni Núñez, além de ser uma grande pensadora sobre a vida, é uma grande poeta em estado de êxtase e em estado de permanência neste sentimento tão humano e familiar que é o amor, sentimento tão questionado.

Parece que o amor é o estado contrário à impermanência da filosofia budista, se é que me entendem.

Esse amor que dói, que faz sofrer, que faz duvidar até de si mesmo. Esse amor que alegra e que maltrata. Esse amor de alegrias e tristezas, ou decepções. Esse amor que se esconde. Onde ele vive? No mar, na terra, no universo, ou numa célula insignificante de nossos corpos? Digo insignificante porque o orgulho quer a toda hora dissipar, esconder esse amor e não entregar ao amado ou à amada os verdadeiros sentimentos.

O amor! A grande questão central entre os seres humanos! Para que amar se sentimos dores? Será que os animais sentem dores, ciúmes, tristezas? Sim, nossos parentes animais sofrem e choram, nossas árvores jorram seus néctares, nossos rios e mares abundam na força da gravidade ou na intensidade do nível das águas. As chuvas destroem terras e espaços porque seus súditos não as amaram. A Terra berra: ME AME!

E o planeta, de azul, se torna cinza pela falta da verdade. Os governantes brigam pela falta de coerência. Os seres humanos se bloqueiam pela falta de confiança. E surgem os conflitos, surgem as competições, as guerras, o dilúvio, o êxtase da desconfiança.

O viver, que é um estado real de impermanência, o tempo, as horas que passam cruelmente sem esperar um segundo sequer, sucumbem à falta de amor entre povos, entre nações, entre humanos, entre seres animais e inanimados. As pedras choram...

E os sapatinhos vermelhos e as costelas vão para o fundo dos oceanos mágicos – descompostos – à espera da reconstrução íntima e essencial, aguardando o sopro da ancestralidade, que por si só passou pelo mesmo processo de destruição e reconstrução de si mesma. Aí surge a luz da consciência, um sopro de vida, um fósforo que se acende: o renascer da alma! O fogo eterno dos corações.

Na realidade tudo é um ciclo, os ossos vão ao fundo do poço, a ancestralidade entra em cena, a força dos antepassados explode, soerguemos e recaímos de novo. Nada está pronto, tudo a construir, como numa peça de teatro, ou uma peça artesanal.

E o amor, sempre presente ou sempre escondido, sai sorrateiramente, serelepiando por aí, enganando corações e mentes e vivendo mais que o ser humano. O homem se mata por ele e ele sai sempre ileso, sorrindo aos borbotões...

Ah, o amor... Um dia nós pegamos esse personagem e colocamos uma corrente em seu pescoço! Aí sim ele vai parar de nos enganar...

E Geni Núñez nos conta sobre esse sentimento atordoante e magnífico, muito bem explicado para a posteridade.

Leiamos esta história salutar, mas cheia de contradições.

ELIANE POTIGUARA
Primeira escritora indígena do Brasil

APRESENTAÇÃO

Nós, indígenas, não definimos os demais seres como meros recursos, pois sabemos que cada existência tem sua dignidade e beleza para além da utilidade aos humanos. Também é essa a minha relação com a palavra – não a percebo como um simples meio, veículo ou ferramenta de comunicação.
Como lembra a professora Graciela Chamorro, nós, Guarani, buscamos falar com ternura e estamos mais preocupados em celebrar a linguagem do que nos servirmos dela, de modo que isso já seria uma forma de um "poema natural". Por isso, é sempre meu desejo que a poesia de nosso povo me oriente mesmo quando não faço poemas, mesmo sem usar métricas formais, pois entendo que ter essa relação artística/espiritual com a vida também é nossa forma particular de produzir saúde.

Quando compartilho estas poesias, é nesse movimento de compreender que o jeito de falar também é o conteúdo, por isso eu canto e, por isso, os poemas me acompanham; é também deles que vêm nossa ciência, tecnologia e formas de ouvir o tempo.

Por não reduzir a palavra à busca presunçosa pela Verdade, esta escrita não pretende ser uma descrição única da realidade. Não acredito no folclore de gênero que associa destinos binários às vidas e às letras, portanto as alternâncias de gênero do eu lírico são propositais. O que escrevo não é autobiográfico, em seu sentido mais restrito, mas compreendo que, por meio da literatura, os mundos, as histórias e as vivências das demais pessoas também nos compõem de forma singular. Por isso, é com muito carinho e cuidado que faço esse artesanato narrativo, com a licença do que me excede e antecede.

Sou extremamente grata a quem, de modo tão generoso, aceita o convite destas palavras ao tempo e ao movimento.

AO NOSSO AMOR MUNDANO

Não creio que o universo tenha conspirado a nosso favor
   (nem contra)
Nem penso que a lua ou as estrelas tiveram algo
   com isso,
se anotaram algo em seus cadernos, não foi sobre nós
Não estava escrito previamente, a gente mesmo
   que foi escrevendo, borrando, reescrevendo,
   esquecendo, lembrando
Eu não estava pronto quando você chegou em minha
   vida, nem você para mim.
Não sei nem dizer se foi no melhor momento, a sua
   visita chegou quando minha casa e vida não estavam
   tão arrumadas como eu gostaria
Não acho que as pessoas que amamos antes eram "as
   pessoas erradas" e nós, sim, as únicas certas
Inclusive, você vive encontrando outras pessoas certas
   pelo caminho, mesmo que depois você mude de ideia

Assim falando, pode parecer um pouco sem glamour,
sem nada tão sacro o nosso amor mundano

Não sei se em outras vidas te amei, não sei se éramos
uma formiga e, em outra, capivara

Só sei que, nesta, o nosso amor não é a luz no
fim do túnel

É um vaga-lume no caminho

E isso é tanto que nenhuma transcendência nos
faz inveja

Um amor assim de pés descalços dança muito melhor
no instante que na eternidade

POR UM AMOR QUE RESPEITE OS FINS

Sim, antes eu queria ir contigo pelos caminhos
Antes eu adoraria passear, os sonhos de viajar, o fruir do tempo em companhia
Antes, seria uma alegria passar uma tarde com você, e a noite, a madrugada e o amanhã
Mas agora, não
E não importa quão incrível seja o convite, quão interessante seja o passeio, o que sempre digo é que hoje não, não posso nesta data, estou com dor de cabeça, já tenho outro compromisso
Mas, se for sozinha ou com outra pessoa, talvez eu consiga ir, hoje sim, e a dor de cabeça passa ligeira
Por um tempo evitei repetir explicitamente que não quero mais, porque já tinha dito, mas você não escutava

Então agora para mim este término é quase um extermínio das insistências, um término para fora, de me desfazer do que já não quero mais

A culpa e a vergonha já não eufemizam os meus nãos

Após tanto tempo insistindo, explicando e tentando, não quero mais

Eu tenho os motivos para isso, e, mesmo que eles não sejam legítimos para você, sei que é para mim mesmo que precisam ser

E não há motivo mais justo que simplesmente não querer mais

Prefiro o tempo líquido a este sólido que me congela na eternidade

Você prefere que eu fique mesmo sem eu querer?

Antes era mentira? Não, o tempo não é uma linha reta

Sim, antes eu queria, hoje não quero, duas ou três verdades justas, nem tudo tem só dois lados

Ainda que os fins também sejam começos de outras transformações,

quero ter o direito de encerrar meus ciclos

Não me afasto de você para te punir ou para me vingar de algo, nem isso é sobre você

AS VANTAGENS DE UMA INTUIÇÃO DISTRAÍDA

Venho aprendendo a festejar quando minha intuição "falha": quando me percebo tendo certeza a respeito de algo que ainda não aconteceu e aí vejo que não ocorreu como eu previa

A depender da circunstância, até sorrio e acho gostoso "perder" para a vida e entender que "não sou eu quem me navega, quem me navega é o mar"

Por vezes, minhas inseguranças e medos me fazem imaginar um amanhã cheio de tempestades, mas às vezes elas não chegam, ou vêm de uma forma que eu não supunha

Mesmo quando o que acontece é ainda pior do que eu esperava, ainda assim a energia gasta na antecipação nem sempre muda algo

Por isso, agora, não aposto em uma intuição que se misture com uma presunção sobre a vida, nem sobre mim mesma

Não sou onipotente, onisciente e onipresente nem mesmo em relação aos meus próprios caminhos, quanto mais aos alheios

Hoje meu desejo é que a intuição me inspire a caminhos coletivos, que ela não seja capturada pela obsessão por descobrir a verdade e a tentar antecipar o que não veio

Em vez de agrotóxicos que aceleram os tempos das plantas, quero mais os fertilizantes naturais de imaginação e sonho

Se respeitar a intuição é olhar para dentro, para si, talvez precisemos lembrar que o olhar para fora e para além de si é tão importante quanto

Aliás, nem dentro nem fora, são os poros e as bordas que nos constituem

Tudo bem eu não saber sempre a verdade sobre tudo, a vida vai além disso

Parafraseando Clarice Lispector, talvez só possamos degustar a vida estando um pouquinho distraídos

SE RESPEITAR A INTUIÇÃO É OLHAR PARA DENTRO, PARA SI, TALVEZ PRECISEMOS LEMBRAR QUE O OLHAR PARA FORA E PARA ALÉM DE SI É TÃO IMPORTANTE QUANTO

ALIÁS, NEM DENTRO NEM FORA, SÃO OS POROS E AS BORDAS QUE NOS CONSTITUEM

A ALEGRIA EM COMPARTILHAR AMORES

Fico com receio de que você note que estou apaixonada por mais uma pessoa além de você

Que perceba a alegria que sinto quando essa pessoa me manda mensagem e como meu coração se aquece quando penso em encontrá-la

Antes eu tentava apagar as evidências, atenuar os sintomas da minha paixão, e, quando você perguntava, eu só dizia que estava sendo legal, nada demais, mesmo quando era tudo o mais

Quase como se, assim, pudesse lhe poupar de algo e pudesse me proteger do seu afastamento

Mas lembrei que, além de tudo, somos amigas e também quero poder compartilhar com você minha alegria

Quero que saiba e sinta que não a amo menos por isso

Que existe eu e você, eu e outras relações, você e outros vínculos, que podem ou não se encontrar

Mas que, além dessas conexões, nossa relação tem sua própria cor, cheiro e gosto

Lembrando-me disso, percebo que te amo ainda mais que antes dessa nova paixão

E não quero mais subestimar nem você, nem minhas alegrias,

Quero que saiba quão contente estou, mesmo que essa alegria em algum momento se transforme em tristeza, frustração ou arrependimento

Obrigada por ficar comigo em minhas alegrias, a confiança dessa rede onde descanso é o que me dá o impulso de que preciso para o movimento

Te amo ainda mais quando amo além de ti

TE AMO AINDA MAIS QUANDO

AMO ALÉM DE TI

MEIAS CORAGENS

Coragem ou covardia, assim diametralmente opostas, dificultam nossa possibilidade de celebrar as meias coragens e de acolher as covardias não completas

Pode ser que, para alguém, a coragem não esteja em andar de bicicleta sem as duas mãos no guidão, e sim em conseguir soltar uma delas

Pode ser que não tenha conseguido dizer "na cara" tudo que precisava ser dito, mas pelo menos uma parte conseguiu expressar

Pode ser que não tenha ainda conseguido terminar uma relação abusiva, mas conseguiu colocar alguns novos limites, dizer mais alguns nãos, mesmo que para si

E pode não ter gargalhado muito, mas conseguiu rir um pouco

E, em vez de chorar todos os dias, já percebe alguns intervalos maiores de serenidade

O tempo das nossas emoções é sazonal, cheio de idas e vindas

O dia não evolui para a noite, nem a noite para o dia, o movimento não tem começo ou fim

Nossa saúde não é individual, há muito mais nela que nos excede

As barreiras não são as mesmas para todos, por isso construímos nossa própria ideia de coragem, covardia, força e fraqueza

Como nos ensina Leda Martins, "dançar é uma coreografia de retornos, é inscrever no tempo", pois nós somos o sonho de nossos ancestrais, e eles sonharam e confiaram que nós conseguiríamos atravessar e dançar

QUANDO PENSO EM VOCÊ

Não penso em você o tempo todo, talvez nem todo dia

Mas é sempre com carinho quando penso

Mentira, às vezes também tenho raiva de você

Em meus pensamentos, julgo suas atitudes e decisões, penso que você deveria ter agido de outra forma, recrimino suas paixões

Às vezes, chego a reproduzir suas falas de modo distorcido e sem sentido e digo, fazendo sons ininteligíveis, que você se expressou assim:

"Porque não sei o quê, porque não sei o que lá"

E percebo que talvez eu é que não saiba, não compreenda que o que eu descrevo como ruído na verdade é o seu sentido

Que aquilo que me parece tão ínfimo e indigno de reclamação para você pode ser algo grandioso

Esqueço-me das tantas vezes que você me acolheu e amparou e faço birra quando uma ou outra vez você não pode ou não quer fazê-lo

Espero tanto de você que corro o risco de te sobrecarregar, o que lhe tira o direito de ser gente, de não dar conta de tudo

Nesses segundos que parecem uma vida, me vejo procurando suas mãos frias para aquecê-las com as minhas, sempre quentes

E te agradeço por ser um refresco quando me sinto esquentando demais

Viu? Não é sempre que penso em você, mas, quando penso, me sinto no direito de te amar de forma não idealizada

Na alegria, raiva, tristeza ou carinho, sinto a confiança de saber que tenho liberdade de imaginar uma vida sem você

Mesmo quando o que mais quero é seguir contigo

DOS VÍNCULOS QUE NOS INSPIRAM A CANTAROLAR

Quando um vínculo está fortalecido e saudável, a criatividade e a invenção encontram ali um terreno fértil

É como a música quando a gente não sabe ou não lembra exatamente a letra e vai só preenchendo com outros sons

Dizem que é difícil não controlar, cercear, não ter posse sobre quem amamos

Não seria também difícil exercer esse controle?

E todo o cansaço que traz? E toda a ansiedade e angústia?

Não é fácil desaprender essas práticas, mas também não é fácil viver nelas

Quando conseguimos compreender que aquilo que o outro sente, pensa, faz não está sob nosso controle

Que o encanto e a beleza do mundo não precisam ser inimigos da nossa alegria

Que não temos por que tomar como algo nosso o que é do outro

Podemos experimentar pouco a pouco, tirar das costas a sobrecarga que a antecipação nos traz e lidar com o que se tem agora

Para não ter tanta culpa, é preciso não ter tanto mérito

OS ENCONTROS DE BEM-AVENTURANÇA

Não quero que meu amor em sua vida seja um oficial de uma justiça abstrata

Nem quero ser um burocrata que coloca limites irrevogáveis, irreversíveis e inquestionáveis e só se alegra em barrar

Não quero ser um policial que te coloca medo quando diz agir por tua segurança

Não quero ser vigilante dos teus passos, exigindo saber quando vai, vem, com quem, fazendo o quê

Nem um pastor que te faça sentir que teus desejos são sujos, que você deve se envergonhar de suas paixões

Menos ainda, quero ser um padre que te exige confissões, que tem sede pela humilhação de teus pecados assumidos (mesmo aqueles que você só pensou em praticar), que está pronto para prescrever uma série de penas e penitências para que sejas redimido uma outra vez, até o próximo pecado

Não será em nome do amor, do respeito ou da confiança que irei te constranger

Não quero que precise justificar para mim o que faz ou deixa de fazer sentido para você

Tampouco desejo ser juíza de suas incoerências,

como se você fosse uma máquina a funcionar de modo sempre controlado e previsível

Nem uma agiota que cobra os juros do seu passado, que te endivida de promessas de um amanhã que nem você mesmo ainda viveu

Não, não quero ser nada disso para você, nem para mim

Pois sei que, no prender e cercear sua vida, eu também me torno alvo da mesma prisão

Seguirei com meus cuidados e limites, mas, dentre todos os possíveis, saiba que estou fazendo meu possível para que o moralismo não seja mais a minha bússola

E o que quero?

Que nosso encontro seja uma companhia para as aventuras, mesmo e sobretudo aquelas que não acontecem como imaginamos

A bem-aventurança também pode ser aqui

VOCÊ, UM BEIJA-FLOR QUE POUSOU NA MINHA SORTE

Agradeço por me deixar chegar tão perto

Sei que, pelas feridas que já viveu, seria compreensível ter receio de que outras pessoas se aproximassem tanto de você novamente

Mas não, você confia em mim, mesmo com suas histórias, mesmo com sua memória, você corajosamente aposta

E eu te agradeço e penso no que posso (não) fazer para não me tornar mais uma cicatriz no seu coração

E me aflige reconhecer que, por mais que eu cuide, talvez em algum momento tenhamos sim desencontros, frustrações, desenganos, decepções

Então não posso te dar esse tipo de garantia, mas consigo dizer, hoje, que eu também, com toda a coragem de minhas covardias, estou fazendo meu possível para que minha passagem em tua vida te faça sentir que valeu a pena apostar na liberdade

Agradeço por você ser, comigo e com a vida, como a plantinha dormideira, que se fecha, mas sempre torna a se abrir

Arisca, você é um reverso do Augusto dos Anjos, um beija-flor que pousou em minha sorte

MINHA LIBERDADE NÃO (TE) CABE

Quanto melhor eu te trato, mais hostil fica, parece que tua raiva de mim aumenta quando não encontra motivo para me odiar

É como se, não podendo me punir pelo que realmente lhe incomoda, minha liberdade, você procurasse outros meios de me ferir

E se aproveita dos pontos vulneráveis que eu mesma contei, para justo neles me atacar

Se eu te perguntar quando isso começou, talvez não consiga dizer

Mas em algum momento o que era fresco azedou, e a torcida, que antes era favorável, se tornou inimiga

Agora parece que você só consegue se conectar comigo quando estou mal, triste, só nas minhas derrotas tem alguma ligação comigo

Sem que eu notasse, comecei a exagerar meus sofrimentos, diminuir minhas alegrias e acentuar minhas dores, na esperança de que assim você se reaproximasse de mim

Por algum tempo senti que deu certo... Aliás, certo para quê?

Como o poeta Álvaro de Campos, comecei a sentir a dor que até então apenas fingia

Já não sei que motivos e circunstâncias nos fizeram chegar a esse momento, mas saiba que a máscara do amor que vivemos não serve mais para me distrair

E que, no lugar da tristeza, agora honro também a minha raiva, fecho a cara e o coração e digo basta

JÁ NÃO SEI QUE MOTIVOS E CIRCUNSTÂNCIAS NOS FIZERAM CHEGAR A ESSE MOMENTO, MAS SAIBA QUE A MÁSCARA DO AMOR QUE VIVEMOS NÃO SERVE MAIS PARA ME DISTRAIR

ENQUANTO ESPERO SUA MENSAGEM

Espero ansiosamente uma mensagem sua, olho para o celular com frequência e até mudo o modo silencioso para o de vibração. Sorrio pensando que esses modos também são meus, de certa forma

E a vibração até vem, mas não de você

No começo penso: sei que as pessoas (eu, inclusive) têm seus compromissos, trabalhos, cansaços, está tudo bem, é só eu aguardar

Chego a me recriminar: e se aconteceu algo ruim com a pessoa e eu estou aqui me incomodando com sua demora de maneira tão fútil?

Depois fico com raiva e, com um certo despeito, tento me convencer de que nem queria mesmo a mensagem

Mas a raiva também passa e tento barganhar, decido enviar uma nova mensagem, com um novo assunto emergencial (que invento ou que acentuo), certa de que, a isso, você irá responder

Mas você não responde e uma nova onda de raiva misturada com vergonha e arrependimento me toma. Que egoísta e má essa pessoa é por me deixar assim, penso

As horas passam, os dias também e meus próprios argumentos já não me convencem

Se antes o "a pessoa não pode responder" aplacava meus anseios, agora uma sombra me atormenta: e se a pessoa não está respondendo não porque não pode, e sim porque não quer?

Percebo que é aí que me dói

E uma nova onda de perguntas me sobrevém, agora conjecturo os motivos pelos quais você não (me) quer. Preencho essas lacunas com meus piores medos e inseguranças, certa de que a realidade está confirmando o que essas vozes já diziam

Mas só tenho como supor seus motivos, então desisto de procurar essa resposta

Pois, se alguém não me quiser e não (mais) me amar, isso não me invalida como pessoa

E minhas dores não me dão o direito de invadir o espaço de quem não me dá sinais positivos de que quer minha presença

Se é certo ou não que a resposta não venha, já sei que haverá vezes em que precisarei encerrar um ciclo sem ter a companhia, a presença ou explicação de quem amo

Retorno o celular e meus sentimentos ao modo silencioso

O AMOR É MEU MISTÉRIO FAVORITO

Como é que chega? Como é que parte?

Quando basta, quando esgota?

Tento ir aos começos para ver se está em algum início a resposta do porquê

Por que essa pessoa, essa folha, esse sol?

Por que agora?

Por que antes e não mais hoje?

Como uma visita que chega sem aviso, mas que também pode sumir quando digo: só um minutinho, já venho, tá?

E quando venho já foi

Ou quando volto e ainda está ali, mas já não é o mesmo

Ou talvez eu que já não seja

E os minutinhos se tornam anos, uma vida, em que venho e vou, transformada e transformando o caminho

Nesse meu mistério favorito, talvez meu grande desejo seja tomar gosto pelas mudanças e não ter a pretensão de que sei tanto assim, tão fixamente, sobre quem sou e serei, sobre o que quero e não quero, sobre quem e como posso amar

Na impossibilidade de fazer uma previsão do tempo que seja exata,

busco conviver com quem agasalha os dias frios e sombreia os dias quentes

E é dessas redes, companhias e vínculos que vem a sensação de que, por mais severas que sejam as tempestades, o céu, misteriosamente, sempre abre outra vez

PODE ENTRAR, SÓ NÃO REPARE NA BAGUNÇA

Entre, mas não repare

Te ofereço café em uma caneca de que gosto muito

Não precisa se preocupar, você diz

E eu respondo que não é trabalho nenhum, que quero que você se sinta em casa

Pergunto antes se você toma com ou sem açúcar o seu café, porque, depois que eu o ofereço, ele já não é mais meu, é seu

Talvez em suas primeiras visitas eu corra a fazer uma limpeza maior na casa, para que você se sinta bem, para que eu me sinta melhor imaginando que sua visão de mim talvez assim fique mais bonita e limpa como a casa

Depois, já não me preocupo tanto, confio que você vai entender que nem sempre tenho tudo arrumado e no lugar e que esqueço onde algumas coisas devem estar

Mas ainda assim separo, em meio a alguma bagunça,
um lugar onde você possa estar, onde possa ficar no
tempo que me visita

Depois de um tempo é você quem me faz o café e já
sabe onde ficam os copos, as colheres

E eu descanso sabendo que a confiança não será usada
por você para me invadir, mesmo estando tão
perto de mim

Que não vai perguntar quem veio antes de você, quem
virá depois

Que não terá a arrogância de achar que pode reparar/
consertar todas as minhas bagunças, mas tentará
reparar/notar quando eu te pedir ajuda

Comentamos do tempo, que do nada esfria, como o
café passado

Enquanto isso, você degusta, ele e minha companhia,
sabendo que minha hospitalidade, esse laço e esse
abrir da casa-ser é do que você precisa para se sentir
bem-vindo em minha vida enquanto durar a visita

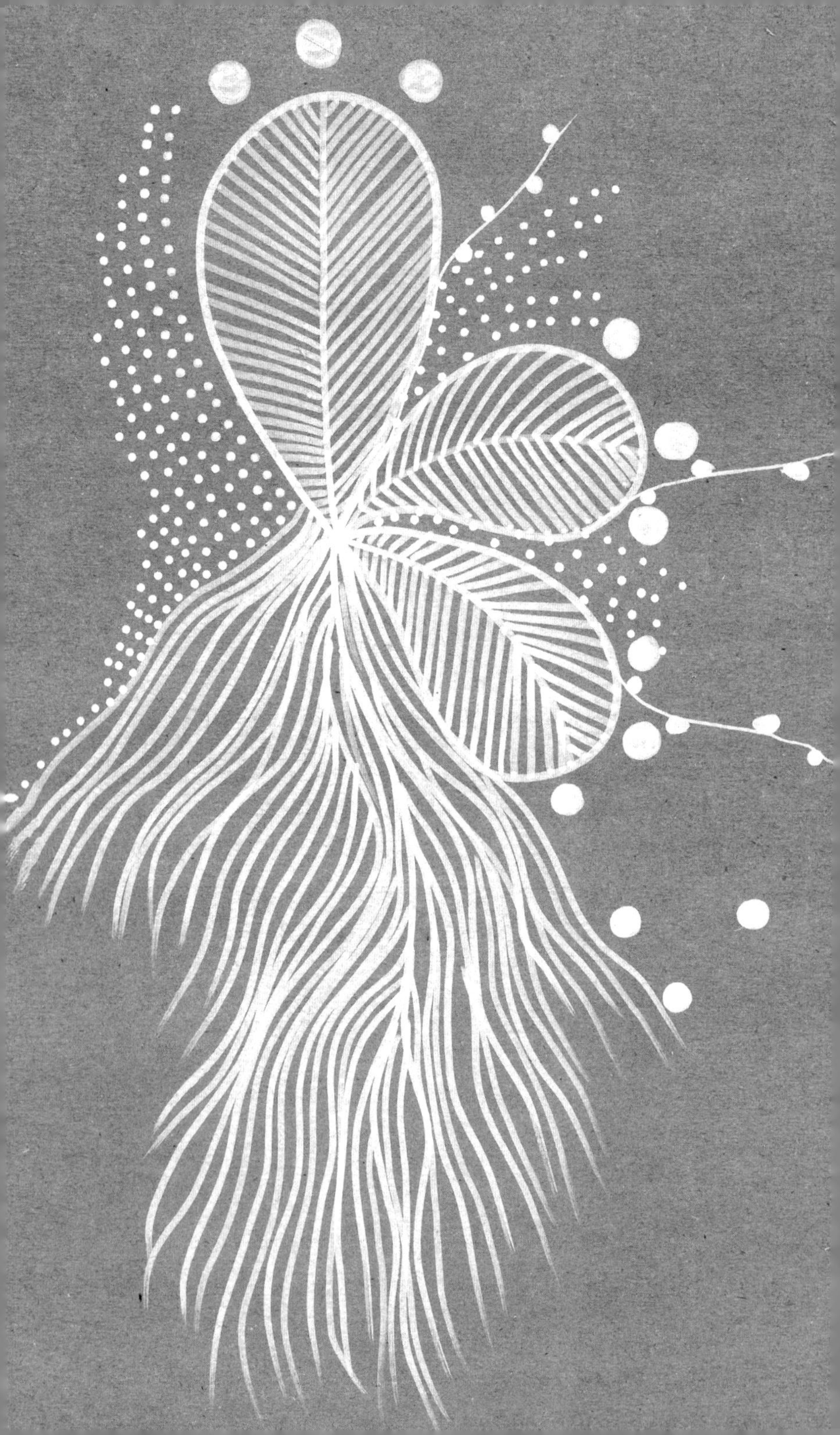

ANTES EMOCIONADA QUE ANESTESIADA, VIVO

Talvez você não consiga "resolver" suas questões hoje, nem esta semana, nem ao longo de toda a sua vida

Talvez sinta de novo aquilo que acha que já "superou"

Por mais que se planeje, pode ser que os planos saiam muito diferentes do que imaginava

O tempo não caminha para uma evolução, um progresso

As coisas não melhoram, necessariamente, com a passagem do tempo (algumas até pioram)

E, quando morrer, você pode não ir "dessa para uma melhor"

O que não existe agora não tem como ser melhor, pois ainda não existe, toda a vida que existe agora é esta

Assim imperfeita, assim torta, falha, incoerente:

"É difícil defender só com palavras a vida", diz
João Cabral

Mas tento aqui lembrar que é justamente porque ela é um tecido coletivo que a gente não deveria ter o peso do mundo nas costas

Talvez "estar na vida a passeio" não seja má ideia

Mesmo errando, falhando, a gente merece estar aqui tanto quanto a joaninha, as gotas de chuva e os raios e a figueira sem frutos

A única caminhada possível é aquela de que damos conta; se o tempo que temos é esse, não há por que correr, que a gente perca esse tempo com gosto e brilho no olho

E, na nossa pequenez de imensidão, a gente se frustra, sorri, chora, ama, deseja… justo porque está viva

Antes ser emocionada que anestesiada

E, NA NOSSA PEQUENEZ DE
IMENSIDÃO, A GENTE SE FRUSTRA,
SORRI, CHORA, AMA, DESEJA...
JUSTO PORQUE ESTÁ VIVA

ANTES SER EMOCIONADA
QUE ANESTESIADA

AO MESMO TEMPO

Há para todas as coisas um tempo indeterminado
E se o tempo de nascer for o mesmo de morrer?
Se o tempo de adoecer for o mesmo de sarar?
E o de construir for como o de demolir?
Se o tempo para rir e chorar for simultâneo?
E se no mesmo tempo juntarmos as pedras e as atirarmos, e ao nos abraçarmos também nos apartarmos?
E se o tempo de perder for o mesmo do encontrar?
E se as rédeas do afeto, do sonho e do destino não estiverem nas nossas mãos, nem nas de ninguém?
E se o universo não obedecer ao terraplanismo humano, que atribui a tudo uma conspiração autocentrada?
E se no caderno das estrelas não houver uma linha sequer sobre nós, nem sobre as minhocas, nem sobre as capivaras, valeria menos a vida?

E se abraçarmos o fato de que nem tudo que plantamos colhemos, mas que há muitos presentes na vida que recebemos sem plantio?

E que o tempo é concomitante e toda escolha binarista é uma armadilha?

Se gostamos da montanha, é porque o rio não foi suficientemente lindo?

Não há para todas as coisas um tempo determinado, não há para nós salvação, nem condenação

Não somos protagonistas do mundo, mesmo assim podemos aproveitar sua festa, coadjuvantes ao lado de incríveis seres como joaninhas, vaga-lumes e formigas

Contra toda a monocultura, sorrio

POLÍGONA

Sou irmã dos anfíbios
Por acaso, os sapos traem a água quando brincam na terra?
Ou as rãs enganam a terra quando nadam?
Entre a água e a terra, também transpiro
Nem apenas do dia, nem só da noite, antes que tarde, vivo

Gosto de chamar meus amores de tesouros, de preciosos
Não no sentido de uma coisa rara e cara
E sim porque toda pedra é preciosa
E todo animal é de estimação

Quando vejo os grãos de areia,
juntos em trilhões como numa orquestra imensurável,

é precioso

Quando vejo os tomates avermelhando,

é um tesouro

É possível ser precioso e único sem ser raro

Tantas luas cheias que já vi

Só me deslumbraria se as visse uma única, primeira e última vez?

É possível se encantar de novo, pelo mesmo que é sempre diferente

Porque se repete em outro lugar, tempo, espaço

É porque sinto de novo que me maravilho novamente

Com tesouros abundantes e preciosidades transbordantes,

É assim que eu amo

CONVERSA COM ÁLVARO DE CAMPOS

Olho para as árvores na montanha em silêncio
Com receio de que como num sonho
qualquer movimento ou som vai fazê-las sumir

Pisco de novo e continuam lá
Choro pelo presente de essa magia acontecer
    aqui para mim
Eu que sou tão falho e hipócrita
Eu que tantas vezes fui mesquinho e mau
Eu que tantas vezes caí

Continuo abençoado pelo calor do sol e a beleza
    das árvores
Me permitiram vê-las mesmo eu não tenho mérito
    algum para isso
Mesmo ninguém tendo

ANGÚSTIA

Agora sei que o cimento da colonização já não sufoca
    mais apenas as ruas
Não silencia apenas os rios,
    mas também acimenta nosso peito

Mesmo com cuidado e cultivo,
    há partes do nosso território onde a água já não
        atravessa, só escorre
Sinto que, nessa parte, o corpo ingere sem aproveitar os
    nutrientes, passam direto

Por isso inundamos, por isso nos vêm as
    enchentes nos olhos
É preciso que a água entre, rache, quebre o cimento
Mas dói, dói

Andar com os tamancos de cimento pesa o pé e
    cansa as costas

Mas com esses já andamos há tantos séculos que pisar
    na terra causa estranhamento

Na angústia parece que a dor no peito vai explodir e
    minar a saída

Mas lembremos que o corpo não tem começo nem fim

Então nos abracemos e recordemos que somos
    apenas afluentes

Que assim como os sentimentos vieram, virão e tornarão
    a ir e vir

em espiral infinita

Antes da pedra no sapato

Antes da pedra no caminho

Precisamos reconhecer: há pedaços de cimento em nós

No nosso pensamento, imaginação, nos sonhos

Contracolonizar

não é colocar mais cimento nas rachaduras de si,

é festejar seu desabamento

UMA PARTE SIM, OUTRA TAMBÉM

Se hoje o vento dançou com aquelas folhas,
amanhã também será vento na dança com outras

Se hoje o mar rimou com a lua,
continuará com suas ondas na manhã de sol

Se hoje o orvalho umedeceu a borboleta,
amanhã estará com a macieira

Como esperar que a chuva que molhou a terra vá
    secar o rio?
Chuva é de molhar, não importa se areia, rio ou pedra

Uma vez sentindo o calor do sol em mim,
como esperar que seja frio no que não sou?

Somos apenas parte e isso já é tudo

REFLORESTA

Se todos os pássaros do mundo fossem iguais,
na mesma cor e tamanho
Se todos cantassem com a mesma voz,
na mesma hora, que triste seria a floresta!

Se todas as árvores tivessem uma única cor
Se em todos os lugares a terra gerasse uma única planta
Mesmo que linda, já não seria bela
Porque nenhuma monocultura é bonita

Os encontros do amor nunca são entre iguais
Essa é a graça
Poder achar belo o que não é espelho
Outra forma de amparar e celebrar a diferença
Essa que nos constitui

OS ENCONTROS DO AMOR

NUNCA SÃO ENTRE IGUAIS

ESSA É A GRAÇA

PODER ACHAR BELO O

QUE NÃO É ESPELHO

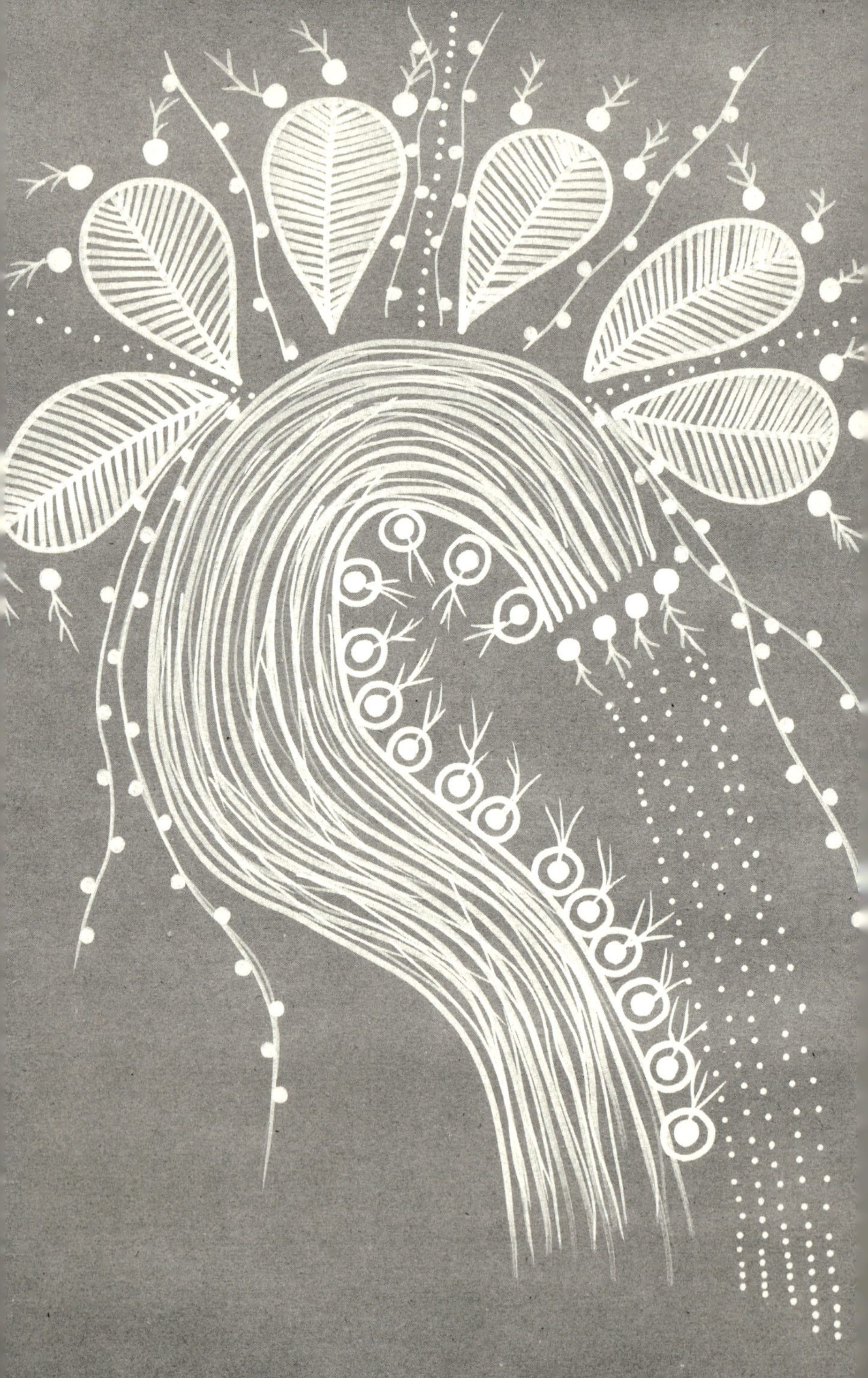

IR ALÉM DE SI

Diz o ressentido:

"Não quero saber de ninguém, todos me cansam, são chatos, desinteressantes

Só falam de assuntos fúteis, riem alto demais, falam o que não quero ouvir

Não gosto das fotos que tiram, das legendas que usam

Que bregas suas roupas, que desagradáveis suas piadas

Que irritante o canto dos passarinhos

Que sem cor o pôr do sol

Que insignificante a lua cheia

O mundo é todo torto e só eu, como deus, é que escrevo certo nessas linhas tortas

Eu que reclamo de tudo e de todos, que me vejo como juiz e grande crítico de todas as áreas que não estudo, eu sim, sou superior a todos os que riem e gozam"

Superior e solitário, o ressentido teme ser ridículo, nunca arrisca nem petisca

Esquece que, sem acolher esse ridículo que somos, não é possível amar, e é aí que podemos nos liberar da clausura de vivermos impregnados apenas de nós

Titubeie, gagueje, escorregue, deslize, seja um desviado, mas viva

O REPERTÓRIO QUE VOCÊ TEM AGORA

Lembra, agora você já tem outras perspectivas

Agora já tem outras ferramentas

Já tem outras experiências

Sim, elas não te salvam nem te imunizam completamente dos desafios da vida

Mas você não é a mesma de antes

Já tem outras cicatrizes

Algumas ingenuidades ficaram para trás

E você já consegue reconhecer alguns sinais de quando pedir ajuda

Não precisa mais ter tanto medo

Lembra, na sua caixinha de ferramentas psicossociais, haverá algo que poderá te auxiliar

Ainda que os problemas não desapareçam,

Ainda que as tempestades continuem

E os raios caiam mais de uma vez no mesmo lugar

O lugar não é mais o mesmo

Confia

UM AMOR DE PEQUENEZAS, QUANDO A PARTE JÁ É O TODO

Não tenho um desenho pronto para te dar,

tenho só esse rabisco

Não tenho uma música inteira para cantar,

só aprendi um trechinho

Não contarei toda a minha história, não de uma vez, nem eu mesma a sei inteira,

mas posso te contar um pedacinho, um fragmento das minhas muitas marcas

Uma fatia do bolo que fiz

Uma porção dos sonhos que tenho

Um bocado de sorrisos e outro de lágrimas

De metonímia em metonímia, percebo que não existe o todo, só as partes

Pois toda estrela também é constelação

toda borboleta, panapanã

toda ilha, arquipélago

toda banana, penca

todo peixe, cardume

toda montanha uma cordilheira

toda voz, um coro

Dizem que quem não sabe amar a si mesmo não pode amar outras pessoas

Mas é esse não saber que posso te dar

Talvez ao mesmo tempo que amo o mundo eu consiga me lembrar de que faço parte dele

O OUTRO LADO: A CAMINHADA PARA RESPEITAR OS FINS

Ainda penso em você, ainda lembro de nós quando escuto aquela música, quando visito um lugar aonde já fomos ou gostaríamos de ter ido

Mas agora penso em você e já consigo não mandar mensagem, consigo guardar comigo esses sentimentos ou os partilho com outras pessoas, em outros espaços

Lembro da sensação de vergonha que eu sentia assim que ligava e você não atendia, um desconforto no peito, como se aquela exposição doesse até mais do que a vontade de ligar

Agora não, vejo o vídeo fofo que penso que você gostaria de ver e sorrio imaginando sua reação, mas não o envio a você

Às vezes penso que poderia ter respondido melhor um argumento em uma das muitas discussões que tivemos, mas lembro que talvez mesmo assim a gente continuasse disputando

Talvez aí tenha começado nosso desencontro, quando acreditamos que conversas são sobre ganhar ou perder

Ainda não é espontâneo e voluntário não tentar entrar em contato contigo, há dias mais difíceis que outros, mas estou conseguindo, espero um dia nem lembrar que esqueci

Às vezes sinto uma imensa vontade de te dizer algumas coisas e envio esses áudios a mim mesma, escrevo notas em meus diários, às vezes danço, corro, me distraio

A vontade não passa totalmente, mas fica mais suportável através desses movimentos da medicina artística

Espero que algum dia eu não precise mais desses recursos para lidar com esse afastamento, mas, enquanto isso, comemoro dia por dia o respeito a mim mesma e a você

Percebo que nem todo final feliz é de reencontro, talvez mais bonito que isso seja quando conseguimos seguir minimamente em paz outros percursos, outros encontros. Como aquela paz que Gil canta, que quando uma estrada chega ao fim, no cais, o fim da tarde continua lilás

SAZONALIDADES EMOCIONAIS, SUAS DORES E DELÍCIAS

Pintei nossos amanhãs do jeito mais bonito que consegui
Colori de desejos, sonhos, projetos
Me alegrei só de pensar no tanto de coisa que viveríamos juntos
É muito raro esperar com alegria que mais um dia chegue em um mundo tão duro

Mas eu esperava, queria mais e mais dias, mais vida para viver
Contava os dias para te encontrar, as horas para falar contigo
Selecionei os melhores grãos de feijão para cozinhar
Mas não vingou como eu imaginava

E agora não sei onde colocar

tudo que imaginei,

tudo que desejei,

tudo que sonhei

É como se a casa que sou

não comportasse tantas caixas devolvidas

Sinto que não tenho mais espaço

Não cabe mais em mim

Preciso de outro destinatário

Agora percebo

Mais dolorido que se despedir de alguém

é se despedir do que a gente criou a partir daquele laço

Recolher os pedacinhos de sonho

Juntar os cacos das expectativas

Mas o tecido da vida se regenera

É cortando que cresce de novo

Quem amamos importa, mas é menos importante do que nossa capacidade de criar vínculo

Esse encanto é tão maior que o amor romântico que ele fica conosco

Como a beleza da jabuticaba, "arrastando nosso olhar como um ímã"

Ou quando entendemos que "só de ouvir o vento já vale a pena ter nascido"

É nessa capacidade que está a magia

Celebro a possibilidade, o quase, a hipótese de, o pouco, a parte

Mesmo que a língua sinta um sabor desagradável

E os olhos vejam algo de que não gostem, repito:

É no poder degustar sem violência o sentir, o ver, ouvir, tocar é onde está o mistério

Já me preparo para polinizar outras flores

Mesmo que não floresçam:

Meus amores são sazonais e eu também

JÁ ME PREPARO PARA

POLINIZAR OUTRAS FLORES

MESMO QUE NÃO FLORESÇAM:

MEUS AMORES SÃO

SAZONAIS E EU TAMBÉM

POEMA EM LINHAS TORTAS - OUTRA CONVERSA COM ÁLVARO DE CAMPOS

Mais do que te ver acertar
Foi quando te vi se permitindo falhar que
Mais te admirei

Mais do que quando alcançou as notas
Foi quando continuou cantando desafinado que
Mais te admirei

E mesmo tropeçando continuou dançando
E não parou de dizer gaguejando

Quando não deu tanto mérito à vida em linha reta
E quando riu de si sendo ridículo e absurdo
Quando perdeu todas as rodadas não desistiu de jogar

Há uma certa coragem que os erros têm que nenhum acerto jamais terá

E é sem atribuir tanta importância à possibilidade de falhar

Sem atribuir tanta magnitude ao que os outros vão pensar se a gente tentar e não conseguir

é que se encontra alguma autenticidade

Farta de deuses e semideuses,

eu me apaixono mesmo é por gente

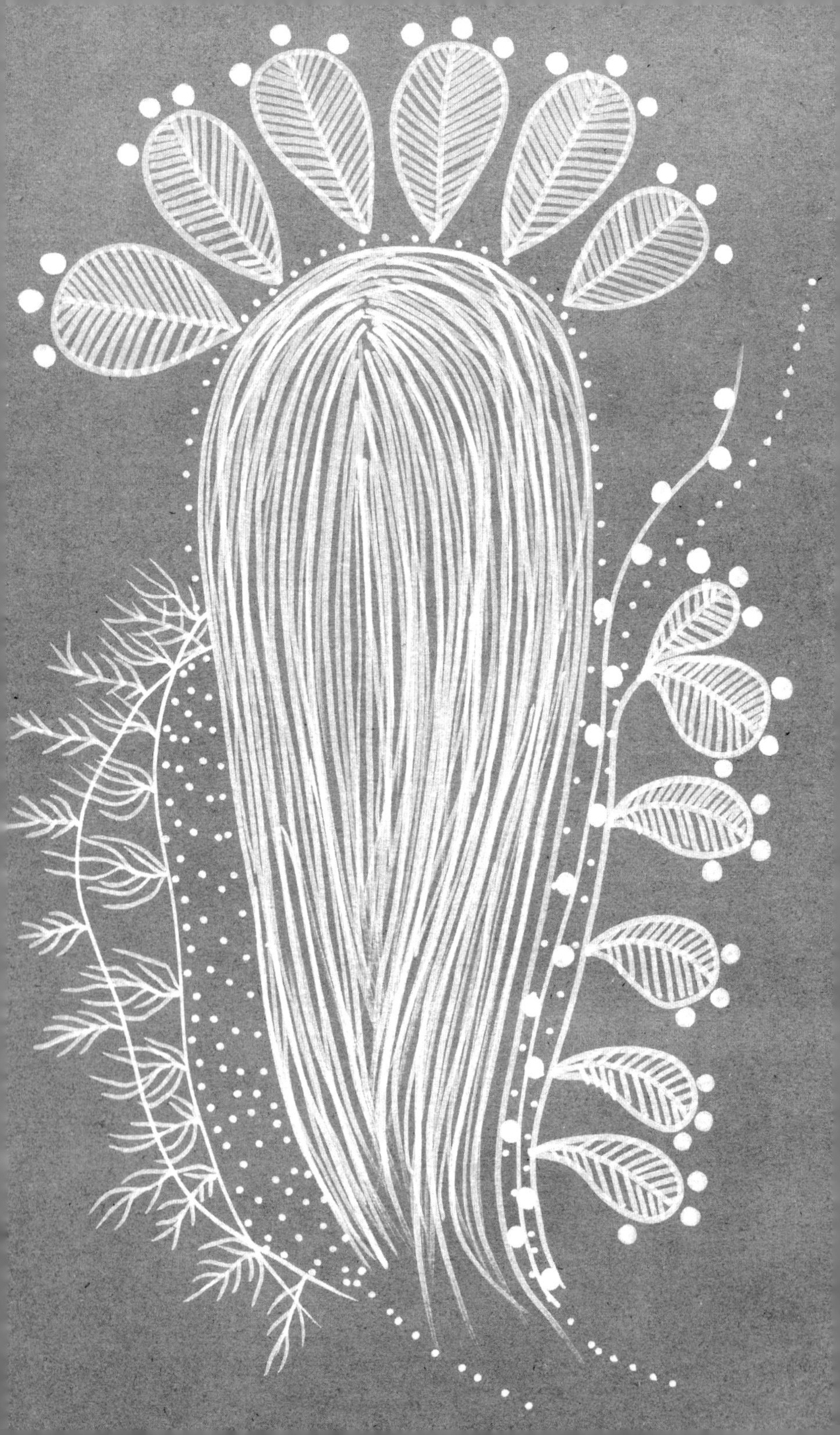

TERRA VIVA, AMOR VIVO

Para Vandana Shiva

Patentearam o amor
E dizem: "É só meu, estas são as fronteiras da minha propriedade"

E eu pergunto: "Você que inventou o amor? Você não o recebeu de outros antes?
Por que diz que é só seu?"

Quem também quiser é invasor, ladrão?
Quem vier pegar o que você roubou deve ser punido, banido?

Até que altura deverá ser o muro para proteger este amor?

Quanto mais se segura, menos tem
Quanto mais grade, muro, contrato, mais escasso

É que amor não cresce assim,
desse jeito ele só murcha, esmorece

Que o amor "seja comum, a qualquer um, seja quem for"

Esse amor comum, comunal, comunitário, sem marco temporal
não foi você quem inventou, nem sabemos quem criou

E não adianta tentar patentear, nem criar commodities

Nenhum repelente ou inseticida até hoje foi capaz de conter essa semente, essa "praga" que se espalha, que contorna os muros, que contagia e insiste em continuar comum

IMPECÁVEL

Tudo em linha reta
Tudo combinado, previsto, controlado

Dizia não ter nenhuma inveja
Não se permitia nenhuma gula
E engolir, só a ira

Preguiça, jamais
Luxúria, nem pensar

De tanto temer o fogo, congelou seus desejos

Com vergonha do orgulho, rebaixou suas alegrias e o sorriso alheio lhe ofendia

Mas nós, pecadores, que você tanto repudia e tanto deseja, te convidamos a brincar conosco nesse lamaçal

Vem, talvez tenha chegado a hora de não ser mais tão impecável

FICANTES

Ficar é um verbo que alude à permanência, quem fica é quem não sai ou não vai embora de algum lugar

Os tempos desse ficar podem ser variados, alguém pode ficar triste, ficar alegre, ficar parado, ficar dormindo etc.

Curiosamente, foi justamente a partir desse verbo que houve a derivação do termo "ficante", relativo a vínculos passageiros, nos quais não se pressupõem outros envolvimentos

É interessante que "ficante" seja tido como o oposto de algo duradouro e profundo, quando, na verdade, essa é uma condição inexorável à vida

Podemos ser ficantes em cidades, em trabalhos, em situações, contextos, perspectivas, na companhia de alguém, por um dia ou por uma vida

Diante disso, podemos fazer convites para que alguém fique conosco, para que se demore mais ou menos em nossas vidas, para que permaneça ou vá embora, mas há uma parte disso que sempre nos fugirá ao controle

Quem quiser tratar ficante como ficante que se lembre que ficante é o que nos caracteriza no mundo

Até o dia que não ficamos mais, não a mesma coisa, não no mesmo lugar, não a mesma pessoa, ou com ela, mas não do mesmo jeito

A questão talvez não seja predeterminar o tempo que ficaremos, mas a qualidade de nossa presença enquanto ficamos, tendo gentileza com nossas partidas

TERRA FILHA

A terra é apenas mãe?
Ela também é irmã?
Também dança, também cansa, também chora e se alegra?
A terra também é filha?
A terra cuida, mas também quer cuidado
A terra tem um eu, tem uma identidade?
Tem uma identidade só?
A terra diz eu sou?
Tem uma consciência só?
E se a terra quiser ser só areias, folhas, gotas, sem dar a isso contorno algum?
Sentido nenhum?
Seria então uma mãe desnaturada?
Será que os fungos, vírus e bactérias também acreditam ter uma mãe?

E se todos os seres precisam, mais ou menos, de algum colo, de algum amparo, de algum alimento, não será suficiente senti-los sem chamá-los de nossa mãe?

E nadar no mar sem que ele seja pai, é pouco?

E abraçar os bichos sem acreditar que sejam meus filhos, vale menos?

AMOR TEMPORÁRIO

Quando penso que outras pessoas poderão ter o presente de sua companhia, sinto um misto de inveja e alegria

Alegria porque penso que todo mundo que te conhecesse seria sortudo, e inveja porque você já não faz mais parte do meu cotidiano

Ao mesmo tempo, talvez a pessoa maravilhosa que eu veja em você não seja a mesma que outros vejam

Talvez não achem tão fofo quando você troca as palavras

Talvez não se irritem com o seu hábito de deixar sempre as gavetas abertas

E nem notem que às vezes você dorme de mãos dadas consigo mesma

Nem percebam que você prefere comer o recheio dos alimentos só no final

Mas, enquanto outras pessoas podem não notar esses aspectos, sei que poderão notar outros, que eu mesma nunca percebi

Há sempre algo de autoral nas relações, que não se pode repetir com outras pessoas, nem mesmo com as mesmas

Afinal, já não sei se você inicia os doces pelo recheio, se agora toma café sem açúcar ou não gosta mais daquela música que chamávamos de nossa

É por isso que, apaziguado o meu desejo de me vingar do tempo, agora sei que posso seguir, eu mesma, fechando minhas gavetas e minhas janelas para que outras possam ser abertas

Não sei nem se ainda te amo hoje, já não importa tanto

Também já não tenho tanta nitidez em lembrar como te amava (nesse passado imperfeito eu também já não sou a mesma)

Mas sei que, em um ontem que, agora percebo, foi perfeito no seu possível, eu te amei muito

Mesmo que as ondas borrem os castelos que construímos na areia, é uma alegria tê-los construído, aos que foram e aos que virão (e tornarão a ir)

Que, no fim, talvez todo amor vivo seja mesmo temporário

QUE, NO FIM, TALVEZ TODO AMOR VIVO SEJA MESMO TEMPORÁRIO

SE EU NÃO ME ENGANO

Se eu não me engano, você não está mais interessado em mim

Se eu não me engano, você parece distante e sem vontade de estar comigo

Nem cogito que pode ser que você esteja em um momento distante de si mesmo ou que esteja com dificuldade de estar não só comigo, mas com qualquer pessoa

Nem imagino que você esteja tão cansado e exausto que não consegue ter energia para conversas doloridas, que agora você não consegue dar conta de muita coisa

Ou ainda, que talvez eu é que esteja sentindo isso tudo, não você

Mas tem dias que penso o contrário, que você deve estar vivendo um momento tão bonito de sua vida, que nele há tantas coisas que te instigam, que já não veja mais graça em mim

(Ah, se eu me enganasse!)

Quando digo isso, é quase uma licença para dizer algo que sei que pode ser equivocado; ao mesmo tempo, te lembro que, se assim for, não estou enganando só a você, mas também a mim, é quase um pedido de desculpas prévio, percebe?

É diferente de quando digo "se chover, vou me molhar" – pois, quando digo "se eu não me engano", não há causalidade alguma nisso, não é tão condicional assim, é só uma aposta, que pode estar errada

Mas, se eu não me enganasse de vez em quando não seria gente

E, para mim, ser gente é ser em relação, por isso, antes que eu me engane mais, antes que minhas suposições sobre você preencham suas palavras, me diga: como estão seus dias?

Se eu não me engano, faz tempo que a gente não conversa de verdade

Às vezes gosto de me lembrar que sobre o outro "eu não sei dizer nada por dizer, então escuto"

COLECIONADORA DE NÃO SABER

Não soube dizer por que uma amiga se afastou, se foi por algum motivo pessoal ou por algo aleatório, se foi porque se incomodou com algo e por algum outro motivo não conseguiu ou quis dizer

Pensando bem, nem sei se foi ela quem se afastou ou se fui eu ou se foram ambas

Não faço ideia de por que as violências cometidas contra mim acontecem desde que cheguei ao mundo
Aliás, tenho algumas explicações históricas para várias delas, mas já não busco o motivo individualizador em mim

Já não me pergunto o que eu poderia ter feito diferente, o que minha família poderia ter feito, não sei como eu seria se as coisas tivessem ocorrido de outra

forma, talvez fosse outra pessoa, e essa pessoa eu
não sei quem seria

Coleciono não saberes
Já não sei por que um amor deixou de brilhar
meus olhos

Tampouco sei o que exatamente quem me ama vê em
mim, por quais motivos permanece ao meu lado
Quando arrisco respostas, erro o gabarito alheio
Continuo amante da vida, curiosa e apaixonada pelo que
movimenta o mundo, mas agora minha aproximação
não é em busca de um saber exploratório que,
em nome do conhecimento, invade, machuca,
constrange

Coleciono não saberes, mas até estes eu perco, de
maneira que, vez por outra, encontro um saberzinho,
porque tem coisa que a gente só encontra quando
deixa de procurar

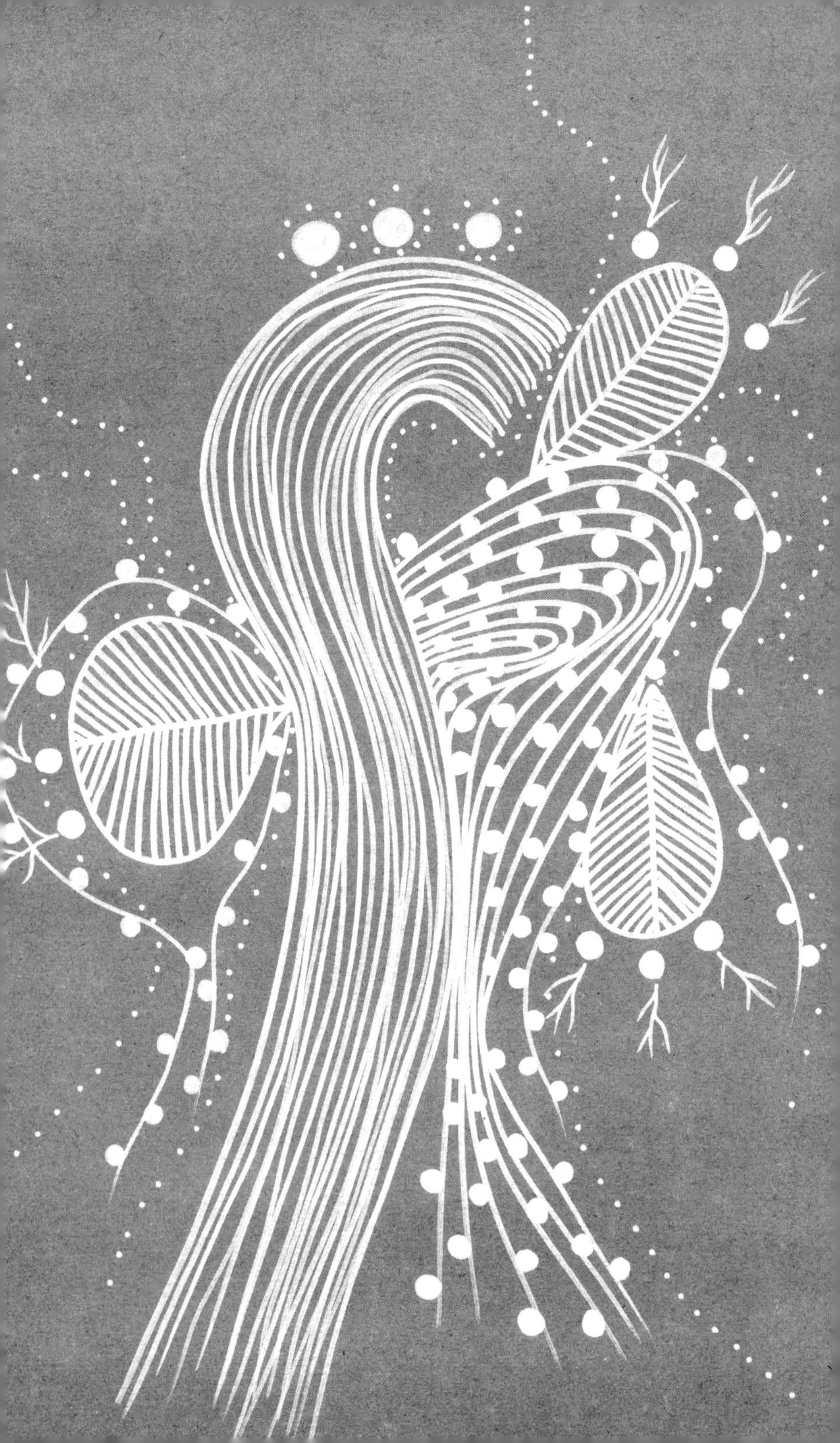

O QUE SE CUMPRIU, MAS NÃO SE PROMETEU

Você não prometeu o que cumpriu

Não prometeu que me amaria a vida toda, mas tem me amado a cada dia como se fosse uma vida inteira
Não prometeu que entenderia tudo, mas, quando não entendeu, acolheu
Nem jurou que ia ficar, mas sem juros foi permanecendo

Não fez votos sobre o que sentiria ou deixaria de sentir, nem colocou barreira ou colete à prova dos sentimentos que viriam, conhecidos ou não
Não prometeu respostas antecipadas, nem foi devoto de promessas congeladas, mas sua presença, disponibilidade, disposição foram a resposta

E eu, então, passei a ver muito mais graça naquilo que se cumpre sem promessa

No sorriso que se dá sem combinado, no prazer que se compartilha por vontade

Se não quer me desrespeitar, comece respeitando seus próprios desejos, não diga que não quis algo que quis, não diminua o que é importante para você, não se abandone para tentar evitar o abandono do outro

Eu não quero que esteja comigo só porque prometeu
e que deixe de fazer algo que quer porque jurou a mim que não o faria

Se sou amparada e acolhida por sua ternura e presença, não preciso que prometa que as terei, pois a melhor maneira de demonstrar um abraço é abraçando

Quando não prometeu que deixaria bilhetes de bom-dia para mim, mas os deixou

Quando não prometeu que me seguraria a mão, mas segurou

Foi quando entendi que o que é espontâneo mesmo não precisa tanto de promessa

UM AMOR QUE LUTE COMIGO

Quero um amor que lute comigo
Que não coloque como finalidade de vida repetir o mesmo sonho enlatado

Os mesmos passos, os mesmos roteiros, as mesmas palavras

Um amor que não se acostume tanto assim com a vida, comigo, com o mundo

Que estranhe a dor, a beleza
Que se espante com a lágrima e com o sorriso

Quero amores que se indignem com as violências, que se solidarizem com as dores do mundo

Que abracem inclusive a falta de energia para lutar, o cansaço, a tristeza

Mas que também compreendam que lutar não é só sobre dor e sofrimento, mas, sobretudo, sobre alegria e movimento

E que, nos momentos de desamparo, possam tecer o laço na refazenda da vida

"Como quem quebra o objeto mais querido
E começa a apanhar piedosamente
Todas as microscópicas partículas", como diria Augusto dos Anjos

Porque, mesmo não sendo objetos, também quebramos e talvez, juntos, possamos fazer desses caquinhos que somos um mosaico bonito

NÃO ME AME TANTO ASSIM

Antes eu dizia: "Quero que alguém seja única e exclusivamente interessado por mim, que me ame o tempo todo, que não olhe para mais ninguém, que durma e acorde pensando em mim. Quando isso acontecer, serei feliz".

E um dia aconteceu, mas não como eu imaginava. No início, até degustei um pouco aquele excesso, mas depois fui me sentindo pressionada e já não sentia nenhuma leveza naquela abundância assustadora.

Silenciosamente, torcia para que aquele amor tivesse mais pausas. Que houvesse algum intervalo entre as numerosas declarações de amor, algum espaço entre os beijos, alguma saudade entre os abraços. E, mais do que celebrar o encontro, o que eu mais aguardava era o seu fim. Ufa!

Mas me sentia, também, ingrata: como ouso já não querer mais tanto assim algo que almejei? Será que não amo de verdade ou sou fria? E me preocupava em disfarçar os meus incômodos, quase como quem nada recusa para não "fazer desfeita", um fazer que é desfazer.

Mas percebi que partilhar isso com o outro também era uma forma de amor e confiança, um jeito de lhe dar oportunidade para avaliar que caminho seguir.

Agora, na necessidade de um tempo e contratempo, de pausa, de intervalo e de saudade, o meu pedido é que você me ame menos. Não quero te magoar quando te peço um pouquinho de espaço. É que, assim tão perto, não consigo ver mais nada, nem mesmo você. Eu gosto de te sentir em meio ao mundo, gosto de saber que ao seu lado tem rio, tem céu, tem gente. Mesmo ao seu lado, quero poder sentir saudade tua, pois sei que nem a saudade que sinto é exclusivamente minha, é também tua. Por isso sentir saudade tua também é sentir saudade minha, e de mim, sozinha.

MESMO AO SEU LADO, QUERO PODER SENTIR SAUDADE TUA, POIS SEI QUE NEM A SAUDADE QUE SINTO É EXCLUSIVAMENTE MINHA, É TAMBÉM TUA. POR ISSO SENTIR SAUDADE TUA TAMBÉM É SENTIR SAUDADE MINHA, E DE MIM, SOZINHA.

AO OUTRO AMOR DO MEU AMOR

Oi, a gente não se conhece, mas para mim você já é quase como alguém íntimo, de tão presente que esteve em meus pensamentos. Sem nunca termos nos conhecido, já tive raiva e inveja de você, já te admirei, já tentei atribuir a ti todos os defeitos e, depois, todas as qualidades que eu não tinha. Já te imaginei como alguém absolutamente perfeito e como alguém completamente errôneo.

Por muitas vezes, me iludi pensando em quão perfeita seria minha relação, a minha vida, se você não estivesse ali. Eu imaginava que aquilo que nos unia era amarmos a mesma pessoa, mas depois compreendi que não era bem assim, pois a percebíamos de modo muito distinto. Que o que me encantava, você ignorava. O que te fazia rir, para mim não tinha graça.

De todo modo, um fascínio me seduzia para pensar, imaginar, o que havia em você para que meu, nosso amor te amasse tanto. Talvez eu pensasse mais em você do que (n)ela, sabia? Com os caminhos seguindo outros rumos, hoje, quando penso em você, já não vejo mais alguém perfeito ou imperfeito, reconheço que, para além de anjo ou demônio, você é uma pessoa.

Que sua beleza e inteligência, que você inteira não existe como régua para ser medida negativa ou positiva de outras pessoas. E que não está no mundo para ser definida como a que é ou não amada, a que é ou não desejada por alguém, pois você existe em primeira pessoa. E mesmo que você nunca saiba de nada disso, para mim mesma, hoje resolvi te liberar da prisão das minhas projeções e inseguranças.

E te agradeço, pois, te querendo livre, eu também me liberto.

CONTINGENTES

Como pode a mesma coisa ser minha força e minha
 fraqueza?
Como pode ser que o mesmo sabor que adoça seja
 também o que amarga?
Como algo que me expande se torna também algo que
 me encolhe?
E aquilo que me fez sorrir também me faça chorar?
 E o que é meu colo também me tire o chão?
A mesma água líquida, e que, quando morna, me aquece,
 e em outro momento o gelo que me congela.
Essa vulnerabilidade por vezes me assusta, mas
 é também por ela que me torno gente, é por
 ela que me lembro de que também posso
 ser água que aquece ou que congela. Que há
 sempre, continuamente, de haver um cuidado
 dessas linhas de contato, pois não existe local
 integralmente seguro, nem pessoa que não possa

se tornar violenta, nem relação que seja prévia e eternamente saudável.

É de contingências, de espaço e tempo que se faz o sabor do laço.

E é para essa não pureza que eu continuo dizendo sim, mesmo que no encontro com a vida tenha desencontro, estresse, raiva, decepção, eu continuo dizendo sim a ela.

Com a voz embargada, entre a tristeza e a alegria, eu digo sim, quero continuar, com todos os riscos, quero ver mais um dia abrir de novo e meu coração também. Porque, se a vida se transforma o tempo todo, talvez o único jeito de se manter minimamente saudável seja também continuar em movimento. Todo amor que posso experimentar é contingente.

TODO AMOR QUE POSSO EXPERIMENTAR É CONTINGENTE.

ESPERANÇA

Não gosto muito de esperança. Pelo menos não dessa que é um jeito de me convencer de que, realmente, é só no amanhã que ainda não veio que poderei ter, ser, viver alguma alegria. Alguém por acaso já teve esperança em relação ao que passou, ao ontem? E disse: "Tenho esperança de que ano passado seja melhor"? Ou teve esperança sobre o que vivia no exato momento do presente? E, respirando, disse: "Tenho esperança de respirar agora"?

Não parece fazer muito sentido ter esperança sobre algo que já se vive. Esperança me parece ser, quase sempre, sobre algo que não se tem agora e que se almeja ter em algum futuro, próximo ou distante. A esperança parece crer que o tempo é progressivo e evolutivo e que, conforme sua passagem, as coisas vão naturalmente melhorar.

Apesar dessa fé, não temos indícios de que o percurso seja assim tão linear; pelo contrário, há feridas que pioram com o passar do tempo. A única garantia que temos é de que as coisas se transformam, se positiva ou negativamente é algo mais arbitrário.

Por isso não quero mais saber de esperança e isso não significa que eu seja triste ou ressentida, pelo contrário, é a partir do imenso respeito que tenho pela vida que não aceito vender fiado meus sonhos.

Não é que tudo precise ser imediatista, é que aquilo que se vive, em processo, não precisa de promessa, já é algo. Nem tudo que planto colho, mas há muitos presentes que recebo sem plantio. É para o aqui que me volto, não para uma vida futura ou um amanhã transcendental, menos ainda para uma abstração do que ainda não existe e pode ser que nem exista. Não tenho esperança, mas tenho voracidade, e é com ela que me movimento para me transformar e transformar o mundo junto.

Esperança, a partir de agora, será o meu critério de quão saudável está minha vida, quanto menos eu tiver de tê-la, tanto mais transbordantes estarão meus dias. Pois, se estou sorrindo, não preciso ter esperança de sorrir. Se estou abraçando, já não preciso ter esperança de abraçar. Não tenho esperança, pois já tenho o movimento, que é o combustível da vida.

EX-MULHER

Talvez se você parar de se comportar como "mulher de verdade", seu marido não te queira mais, sua família se decepcione

Se você falar mais alto, se discordar sem docilidade

Se usar outras roupas, sair com outras pessoas

Talvez digam que você se perdeu, pois para se sentirem "homens de verdade" precisam de você como contraste

Seria simples se homem e mulher fossem apenas descrições biológicas, mas, em verdade, são roteiros de como existir no mundo

Se deixou de ser esposa, chamam de ex-mulher

Se deixou de ser hétero, não é mais mulher de verdade

Se não quis ser mãe, ou quis sê-lo de outras formas, não é mais mulher de família

E às vezes o fracasso em ser a mulher ou o homem de verdade pode ser nossa maior bênção, a coisa mais bonita que nos ocorreu

Mais do que nos apressarmos em dizer que dá para ressignificar ser mulher e homem, talvez possamos cogitar que, se ao desobedecer tais normas somos vistos como menos homens e menos mulheres, isso pode ser um elogio

O fato de nos nomearem de uma determinada forma não significa que precisamos nos nomear do mesmo jeito

Assim, toda vez que te disserem que mulher não pode algo, que uma mulher direita deve se comportar de tal forma, que uma esposa livre desrespeita o marido, arrisquemos o pecado de dizer: então é ex-
-mulher quem sou

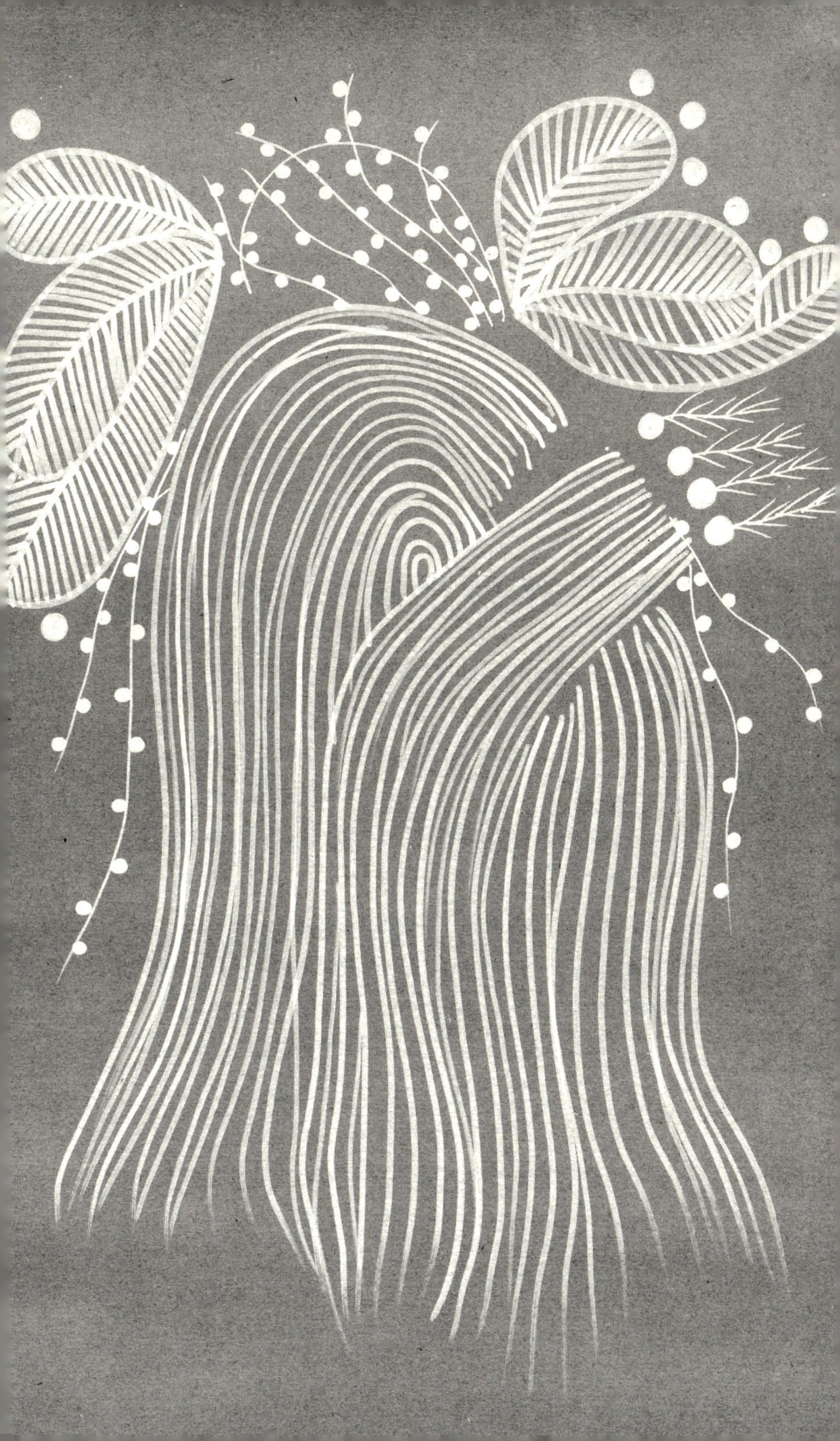

O QUE FICA DE VOCÊ DEPOIS DA MINHA RAIVA

Pensei tanta coisa ruim de você quando estava com raiva. Acentuei os defeitos que você tinha, inventei outros tantos e ainda silenciei suas qualidades. Quando fui falar de frases suas, simulei sua voz e seus pensamentos de maneira caricata e ridícula, como se tudo que você tivesse dito fosse sem sentido. Ao contar para meu interlocutor quão sem razão eu te via, não me interessava apresentar seu ponto de vista com respeito, mas simplesmente angariar de meu ouvinte mais um voto contra você.

Você é egoísta, malicioso, irresponsável, eu seguia dizendo; já eu, coincidentemente todo o oposto. Mas, enquanto a raiva ia perdendo sua força, tal como uma chama vai se apagando, fui percebendo com tristeza e alegria que talvez eu tenha exagerado. Quando você quebra os ideais da monogamia, não comete nenhuma violência contra mim, mesmo assim me sinto quebrada por dentro e eu não sei ainda o que fazer com isso, por isso tento te destruir nos pensamentos, na tentativa de dissolver junto com você o nó que fica no meu peito.

Sei, no entanto, que não é isso que realmente quero: eu quero que você fique. Quando a raiva passa, olho para você com vergonha e carinho, você que nem imagina o tanto de coisa ruim que pensei de você – e então silenciosamente agradeço por você ainda estar aqui, comigo. Agradeço por atravessar comigo mais uma tempestade tão ruidosa quanto silenciosa.

O mesmo céu que há pouco era cinza subitamente abre um clarão azul e te pergunto o que vai querer do mercado.

PERDER PARA ENCONTRAR

Em meus sonhos, quando você se apaixonasse por outra pessoa, eu ficaria superfeliz por você e não sentiria nada de ruim ao ver sua alegria. Em meus sonhos, você continuaria se sentindo amada quando eu viajasse com outra pessoa, neles você não se compararia nunca nem sentiria inveja.

Em meus pesadelos, você não iria mais ver graça em mim ao se encantar por outra pessoa. Neles, eu me sentiria culpada só de pensar em outra pessoa além de você e teria medo de ser punida com seu desamor.

Mas, entre tantos sonhos e pesadelos, a realidade me trouxe em cores vivas muito mais e muito menos que meus medos e expectativas. E me vi mesquinha, e me vi corajosa, e te vi forte e com medo. E senti raiva e saudade. E corri de você e para você.

Rio ao pensar que, por mais que digamos: "Errei, da próxima vez vou tentar diferente", a próxima pode não ser a mesma e com isso podemos todos errar de modo sempre novo.

Nessas errâncias, reconheço que a vida passa e se transforma o tempo todo, inevitavelmente, e que meu desejo não é tentar evitar que isso aconteça, mas pensar na qualidade dessa "perda" de tempo. Já que é para perder, que seja bonito, com gosto e afinco. Pois essas perdas assim, tão autênticas, são dos ganhos mais bonitos. Alguns sonhos, quando se realizaram, foram um pesadelo inesperado. Outros pesadelos, quando se concretizaram, foram um respiro aliviado. Por isso, sei que não é muito, mas te convido: quer continuar (se) perdendo comigo?

NESSAS ERRÂNCIAS, RECONHEÇO QUE A VIDA PASSA E SE TRANSFORMA O TEMPO TODO, INEVITAVELMENTE, E QUE MEU DESEJO NÃO É TENTAR EVITAR QUE ISSO ACONTEÇA, MAS PENSAR NA QUALIDADE DESSA "PERDA" DE TEMPO.

INVEJA E ADMIRAÇÃO

Não precisamos lutar contra aquilo que admiramos

Aproveitaríamos a beleza de um arco-íris se nos colocássemos como seu rival?

Será que degustaríamos plenamente o sabor de uma manga se estivéssemos nos comparando a ela?

Em vez de nos intimidarmos com a beleza e o encanto de outras pessoas, como se isso fosse uma ameaça à nossa segurança, podemos experimentar nos abrir à sua celebração

Em vez de só nos sentirmos elevadas se outros vínculos forem rebaixados, podemos acolher a impossibilidade de comparação

Os outros não precisam não ter graça para que não tenhamos nosso próprio brilho

Os demais não precisam ser menos inteligentes para que nos sintamos mais sábios

Não falta nem sobra nada na pessoa beija-flor, na pessoa rio ou em uma pessoa humana

Se seguimos nosso próprio ritmo, não há como estarmos adiantadas ou atrasadas

Não é nossa culpa, falta ou incompetência quando os olhos brilham para além de nós

Não é que você não foi suficiente para suprir a falta alheia, é que ninguém é

NÃO É QUE VOCÊ NÃO FOI SUFICIENTE PARA SUPRIR A FALTA ALHEIA, É QUE NINGUÉM É

AMAR AO PRÓXIMO COMO SE FOSSE OUTRO

Não me ame como a si mesmo

Não sou você

Toda vez que você me amar como a si, estará me colonizando

Se você só ama alguém como ama a si, então não sabe amar

Você ama ao próximo, apenas ao próximo

Ao que é próximo do que você acredita

Próximo do seu sangue

Próximo da sua casa

Próximo da sua cara

Você ama tanto ao próximo que quer convertê-lo em você

Se for para me amar assim, não me ame

Não seja próximo quando não quero sua presença

Não me salve da perdição que você inventa

Não me perdoe do que é pecado para você

Não quero seu amor, esse amor que para você é bênção, para mim é maldição

SE FOR PARA ME AMAR

ASSIM, NÃO ME AME

NÃO SEJA PRÓXIMO QUANDO

NÃO QUERO SUA PRESENÇA

NÃO ME SALVE DA PERDIÇÃO

QUE VOCÊ INVENTA

NÃO ME PERDOE DO QUE

É PECADO PARA VOCÊ

FELIZES POR ENQUANTO

É mais fácil
Ter expectativa de que irá amar por toda a vida
Que ter expectativa de amar bem, hoje

É mais fácil
Ter expectativa de amar o sólido, o eterno e o imutável
Que conseguir amar o líquido, o temporal e o fluido

Até se promete
amar o outro na dor e na doença,
quero ver é amar na liberdade

Até se promete
amar o outro na exclusividade,
quero ver é amar na concomitância

Construir expectativas para um tempo distante pode não ser assim tão fácil

Mas desafiador mesmo não é querer ser feliz para sempre,

é conseguir ser feliz por enquanto

ATÉ SE PROMETE

AMAR O OUTRO NA DOR

E NA DOENÇA,

QUERO VER É AMAR NA LIBERDADE

COM QUEM SERÁ

O outro homem que você tanto quer saber quem é

O cara por quem "eu te troquei"

Aquele que você se pergunta se é melhor do que você

Não é o colega de trabalho

Não é o meu amigo mais próximo

Não é meu ex-marido

Tampouco é o meu vizinho

Esse outro que você tanto investiga, com quem tanto se compara, tanto imagina

É uma mulher

DESISTÊNCIA DE GÊNERO

Minha inteligência não é feminina (nem masculina)
Minhas orelhas não são femininas (nem masculinas)
Nenhum órgão do meu corpo tem gênero, nem meu fígado, meus rins, meu coração
Meu sexo é tão biológico quanto meus ombros
O vento cuida de nós, os rios matam nossa sede, a terra nos abraça e nos cuida: nem por isso o cuidado é feminino (nem masculino)
Os rios também têm curvas (nem por isso são mulheres)
O sol que aquece as plantas não é homem (nem mulher)
A terra florescendo, a chuva caindo, não são mulheres (nem homens)
Da mesma forma que um raio não é homem, nem uma borboleta é mulher, o binário de gênero nos descreve muito mal

Quando dizem que só humano pode ser homem e mulher, querem dizer que ou se é humano ou se é bicho

Só elogiam o humano/humanizado porque veem bicho como ofensa

"Parece animal" quem não é civilizado

Da hierarquia do humano (entre si e com os demais seres) decorrem todas as violências

Se o mundo colonial nos vê e classifica desde seus critérios, não será por isso que tomarei como saudáveis suas regras

O folclore de gênero não faz sentido para mim, nem sua mitologia de que a cor rosa do céu é cor de mulher e o azul do mar, cor de homem

Cuidado, afeto, sensibilidade, força, inteligência, tudo isso existe no mundo e não é coisa de mulher (nem de homem)

Ser humano não significa ser mais um dentre muitos bichos, mas o principal, o mais importante, o melhor. Isso é precisamente o que não sou, o que não somos

A despeito de todas as ficções coloniais, com orgulho digo: não sou mulher (nem homem)

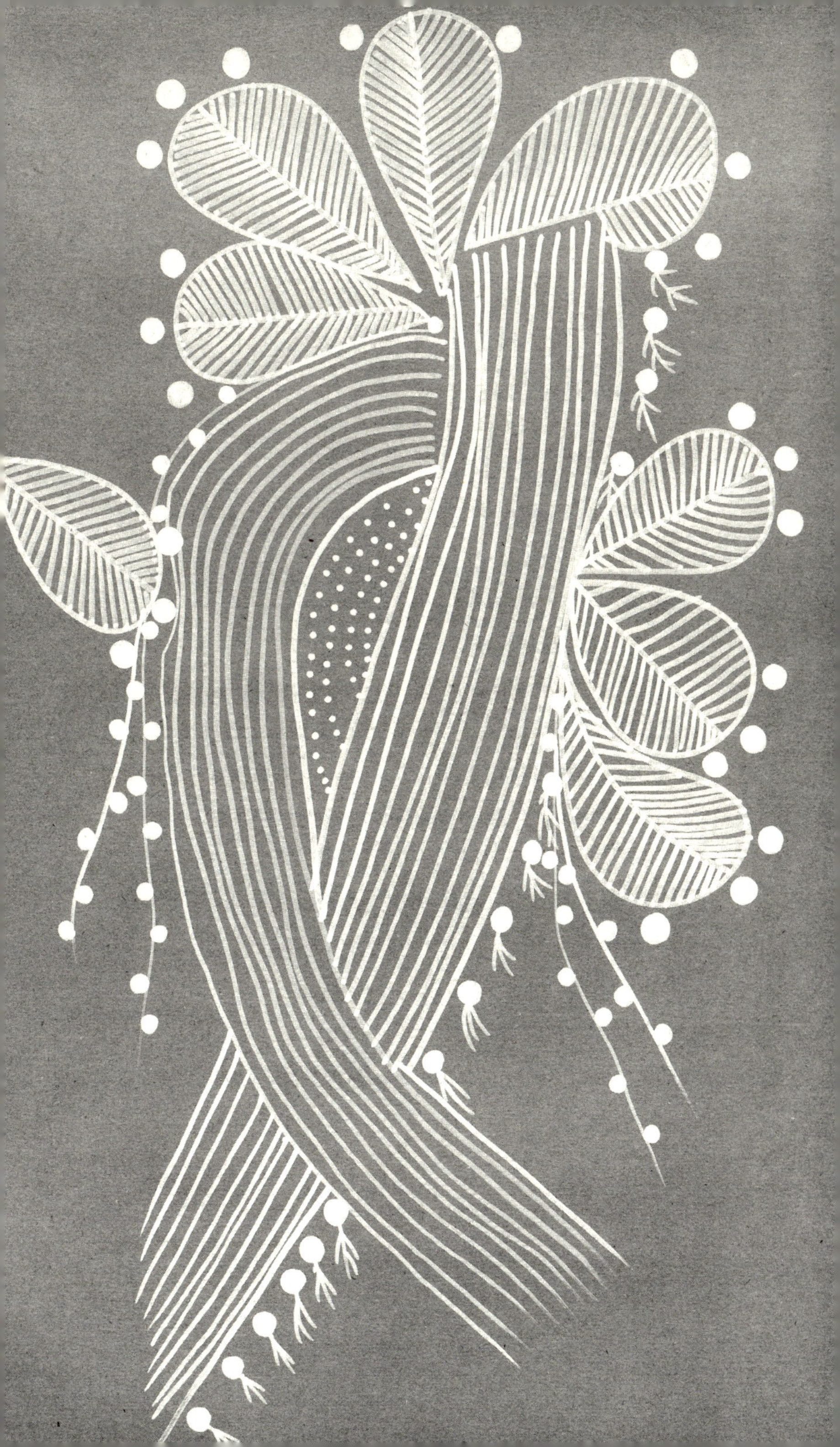

ALEGRIA PASSAGEIRA

Toda alegria é passageira; aliás, também a tristeza é feita de passagens, idas e vindas

"Então você vai trocar algo duradouro por algo breve?"

Esse é um falso dilema; a vida é feita de concomitâncias, de diferentes ritmos, cores, tempos. Com isso não digo que "podemos ter tudo", há sempre algo que sobra, que resta, que falta. Querer a concomitância não é querer tudo, é querer o mínimo. Justamente por isso que as alegrias, as tristezas e os encontros que temos são sempre parciais e passageiros, são tudo que temos e o que nos faz no mundo

Sem comparar negativamente essa vida com uma outra infinita,

Sem comparar a mutabilidade da terra com a imutabilidade do céu,

não falta nada aqui

A alma não vale mais que o corpo

Nem os sentidos mais que o espírito

A superfície não é inferior ao profundo

Nem o raso menor que o fundo

Sem comparar a carne com a alma,

todo dia pode ser uma festa

O fim do humano não é o fim do mundo,

Não é o mundo que acaba sem a gente, é a gente que acaba sem o mundo

A VIDA É FEITA DE CONCOMITÂNCIAS, DE DIFERENTES RITMOS, CORES, TEMPOS. COM ISSO NÃO DIGO QUE "PODEMOS TER TUDO", HÁ SEMPRE ALGO QUE SOBRA, QUE RESTA, QUE FALTA. QUERER A CONCOMITÂNCIA NÃO É QUERER TUDO, É QUERER O MÍNIMO.

FUGACIDADE PERENE

Um perfume é menos cheiroso porque seu aroma não dura eternamente?

Uma música é menos bonita porque dura apenas alguns minutos?

O sabor de um alimento é menos gostoso porque acaba?

O pôr do sol é menos deslumbrante porque dá lugar à noite?

Um amor não valeu a pena porque terminou ou se transformou?

A folha que secou nem deveria ter sido verde um dia?

O critério da eternidade desqualifica a vida

Ao mesmo tempo que a finitude nos desafia, ela nos presenteia com o retorno, pois, na eternidade, tudo é sempre igual

Ou é vida, ou é eterna

MEU AMOR NÃO É PLATÔNICO

Se o planeta é a grande caverna, então celebro
 minhas sombras
Se o crepúsculo se mostra para mim dessa maneira,
 não tenho por que ter a arrogância de acreditar
 que ele é imperfeito, que crepúsculo real é aquele
 que não vejo
Se vejo a beleza da aurora, não preciso acreditar
 que haja outra ainda mais bonita que essa, sua
 beleza me basta
A existência das árvores só comprova a existência
 das árvores
A existência do vento só testifica que o vento existe
Quem não está aqui que não assine sua autoria invisível
Aquilo que existe aqui e agora é mais bonito, vivo,
 cheiroso, gostoso que qualquer coisa que não existe
 senão em propaganda

Não tem ideal de perfeição, nem céu ou vida futura que consiga ofuscar a beleza dessa vida, desse amor

A fé naquilo que não se vê pode me ameaçar, pode barganhar, pode fazer o que for, que eu continuo acreditando no que é crível

Não preciso desse amor incrível, ideal, distante

Não quero um amor platônico,

Quero um amor terrestre mesmo, bem mundano

Não acredito em sobrenatural porque não há nada superior à natureza

Em volta da fogueira escuto, conto e vivo nossas histórias

Meus amores não são platônicos,

Reconhecem minhas sombras

MINHAS PAIXÕES NÃO SÃO DE CRISTO

Não as quero nem pintadas de ouro

Muito menos pintadas de ouro,

Minhas paixões são pintadas em grafismos

Dizem que querem nos perdoar, eu pergunto: de quê?

Dizem que querem nos salvar, mas não estamos perdidos

Quando as águas do rio me banham, me banham de graça, não me perdoam de nada, não me consideram suja de pecado nenhum

Nelas também se banham as cobras e as capivaras, o rio não tem uma predestinação humana

As chuvas não são exclusivas; banham também as folhas, os bichos, a terra

Minhas paixões não são de Cristo,

Não amo nem sou amada pelo sacrifício, pela culpa e pelo medo,

Não quero ir pro céu nem pro inferno, minha paixão é pela terra (que também sou)

CHE PY'A RORY NDAHA'ÉI CRISTO MBA'E

Che ndaipotaí umi mba'e o ñembosay'vá itajupe

Há ndapotaí avéi oñembosay itaju gui

Che py'a rory, oñembosay ta'ãngapará

He'i hikuái ñande perdoa ha, ha che aporandu: mba'erepa?

He'i hikuái ñande salva ha, ñande ndajaikoi kañy pe

Ysyry che mbojahu, mba'eve ndojeruréi, ndacheperdoai mba'evegui, avave ndacherechái pecador ramo

Upepe avéi ojahu mbói ha kapivara, ysyry ndaha'éi yvy póra ñehenoí

Pe oky enteroveva mba'e, avéi ombopiro'y yvyra rogue, mymbakuera ha Yvy

Che py'a rory, ndaha'éi cristo mba'e,

Ndahayhúi ha ndajehayhúi sacrifício, ñembyasy ha kyhyjégui,

Ndahaséi yvága ha inferno pe, che py'a rory ko yvy rehe (che ha'e avéi)

> Tradução do poema "Minhas paixões não são de Cristo", por Ana Lúcia Ortiz Martins Yvoty (Guarani Nhandeva)

NÓS TAMBÉM SOMOS O CÉU

O céu também é a terra,

também faz parte dela

O céu tá aqui pertinho

Ele chove em mim, em nós

Vejo daqui suas cores do dia, tarde, noite e madrugada

Quando as gotas do orvalho hidratam as folhas, também há nelas um pouco de céu

Quando as flores e frutas crescem, há nelas um pouco de chuva

Em toda chuva um pouco de rio

Em todo rio um pouco de céu

Céu não é paraíso, nem terra é inferno

Nem o inferno é aqui nem o paraíso é lá

E, se nós também somos parte do rio, da chuva, dos ventos e da terra

Nós também somos o céu

NHANDE MA YVA AVI JAIKO

Yva ma yvy avi, ixugui guigua avi

Yva oĩ apy'i ha'e oky xere, nhandere

Apy gui aexa ara rexakã joo rami e'y-e'y rã, ka'aru jave,
    pytũ ha'e ko'ẽ rai

Hejapy jai rogue omoakymba jave, oĩ avi ha'e kuery re yva

Yvoty ha'e yvyra'a hi'a túnica ovy jave, oĩ ha'e kuery re
    ruxa'ĩ oky

Oky ejavi re oĩ ruxa'ĩ yakã, yakã ejavi re oĩ ruxa'ĩ yva

Yva má Paraíso e'y, ha'e uvy má inferno e'y, ha'e inferno
    apy e'y ha'e paraíso ha'epy e'y avi

Ha'e nhande avi yakã ramo, oky avi, yvytu ha'e yvy gui
    Nhande avi yva

> Tradução do poema "Nós também somos o céu",
> por Jera Guarani (Mbya Guarani)

EMBRIAGUEZ LÚCIDA

Você teria ciúme se eu dissesse que uma das maiores experiências de êxtase que já tive em minha vida foi chupando uma manga? Que, naquele momento, senti que aquele prazer era uma das maiores alegrias de minha vida, que a cor daquela manga, seu cheiro, sua textura estavam em absoluta harmonia? Um dia antes ou depois ela talvez não me parecesse tão perfeita, mas ali era como se, de alguma forma, as milhares de pequenas engrenagens do universo estivessem se alinhando por alguns preciosos segundos. Parafraseando Augusto dos Anjos, senti como se a ponta de minha língua tocasse toda a imensidão do universo. Eu sei que nem a manga nem mais ninguém existe no mundo para me agradar, justamente por isso me alegro pelo presente de fazer parte de algo que não é (só) sobre mim.

Às vezes penso que, quando os não indígenas destroem as árvores, as cachoeiras, os rios, também o fazem por inveja, por ciúme em constatarem que a beleza do mundo não se encerra no humano. Até em suas poesias e metáforas alguns dizem que a imensidão do mar é pequena, que o brilho do sol é opaco, que o perfume de todas as flores é menos cheiroso que o amor que sentem... A autoestima do terraplanismo humano é invejável!

Por aqui, nem de brincadeira rebaixo a avassaladora beleza do Sol ou a força das águas, não me dou nenhuma licença poética para diminuir a beleza e encanto do mundo como meios de elogiar o humano. Há muito mais gosto, sentido e paladar na vida do que a redução que o amor romântico supõe. Podemos aproveitar o segundo, tanto do tempo quanto do lugar de não sermos os primeiros em tudo.

HÁ MUITO MAIS GOSTO, SENTIDO E PALADAR NA VIDA DO QUE A REDUÇÃO QUE O AMOR ROMÂNTICO SUPÕE. PODEMOS APROVEITAR O SEGUNDO, TANTO DO TEMPO QUANTO DO LUGAR DE NÃO SERMOS OS PRIMEIROS EM TUDO.

UM PRESENTE INESPERADO

Outro dia você se entusiasmou em falar sobre filtros de barro, eu nem sabia que existiam tantos, mas você resolveu compartilhar comigo sua extensa pesquisa sobre eles. Depois se empolgou em pesquisar sobre um instrumento musical de um país que já não lembro o nome, me contou que tinha o som da morte, algo assim. Você também se entusiasmava negativamente, era só mencionar aquela palavra que vinha uma forte expressão acerca do tema.

Eu ouvia e ria, sentia ternura por seu envolvimento. Depois de um tempo ouvindo sobre seus interesses, compreendi que esse também era um jeito que você tinha de partilhar de si, do modo como se via e como percebia o mundo.

Você nunca coube nas conversas preestabelecidas; quando convidada a falar sobre o que sentia e achava, pouco ou nada dizia. Foi então que percebi que seu modo de pensar, articular e existir não era o mesmo que o meu, que os caminhos não seguiam a mesma trilha. E que isso não significava frieza, hermetismo ou algo do tipo, era só outro jeito de se expressar.

Agradeço por você escutar e acolher meu jeito, mesmo não sendo como o seu, agradeço por você compartilhar comigo seus pequenos, mas imensos, entusiasmos. Confesso que, apesar de poder me interessar pelos temas, o que me marca mesmo a lembrança é o seu gesto de querer compartilhar comigo, é esse o presente.

— Você não vai acreditar!

Vou sim.

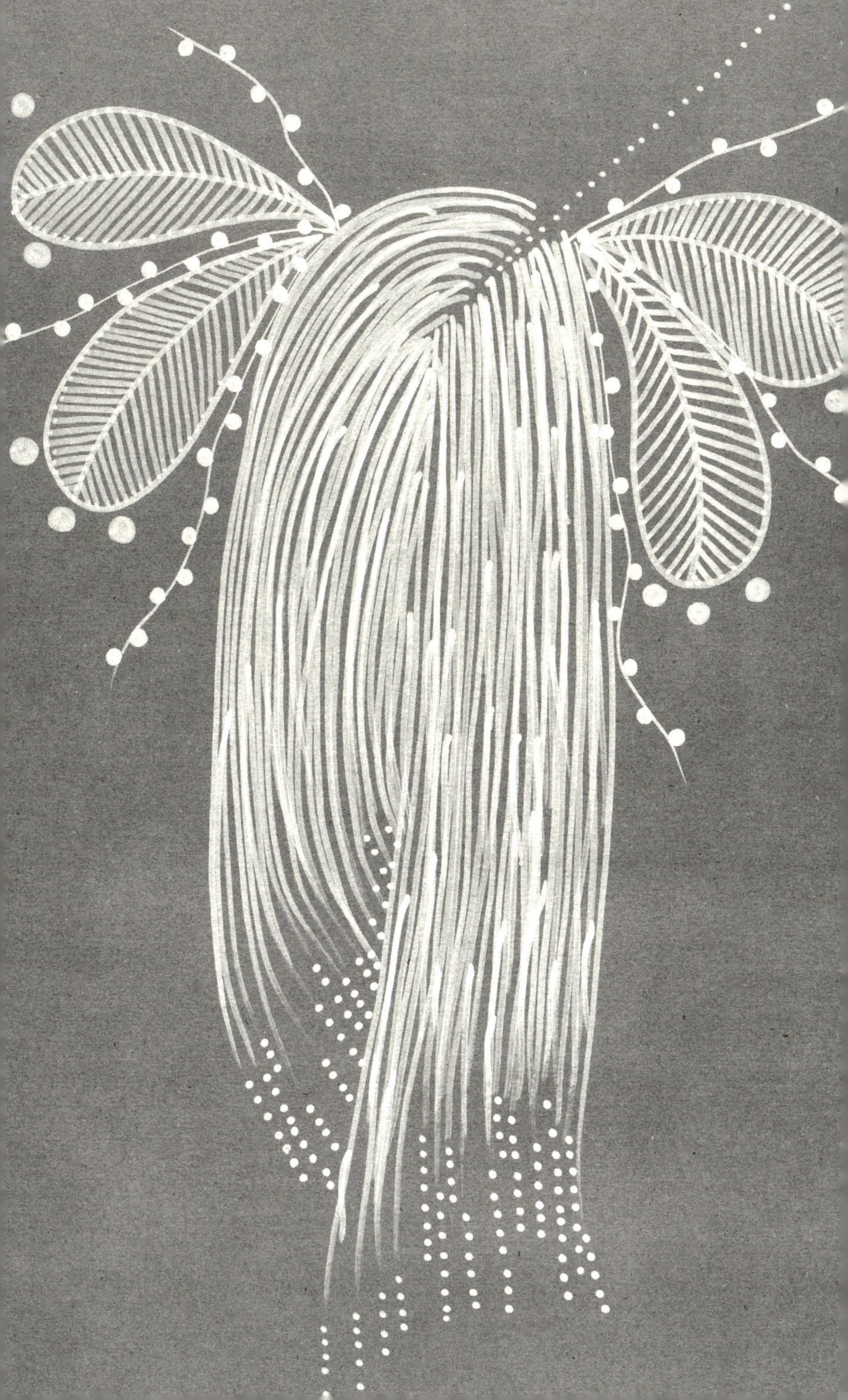

COMPARAÇÃO

Por mais desagradável que seja, às vezes é mais fácil cogitar as cenas em que o paralelo (negativo ou positivo) é conosco do que reconhecer que a outra pessoa pode ter relações que transbordam nosso parâmetro pessoal.

A culpa cristã ensina certa onipotência:

— Se adoeci, é porque pensei em cometer aquele pecado;

— Se me acidentei, é o universo me punindo;

— Se alguém deseja e ama outras pessoas, é para se vingar de mim;

— Se alguém acha alguém bonito, interessante, inteligente, é porque não me vê assim.

Nem tudo gira em torno de nós, a vida é feita de concomitâncias, nem tudo se anula. Os desejos, sonhos, medos e inseguranças de cada pessoa existem por si mesmos, por sua própria história.

Inclusive, por mais que queiram nos fazer acreditar, não temos culpa individual das opressões que sofremos e, mesmo quando incidem pessoalmente sobre nós, é um exercício de cuidado lembrar que, no fim, elas dizem mais respeito a quem as pratica.

Se não podemos controlar, nem medir ou impedir o que a outra pessoa fará de seus desejos, que a gente possa cultivar a saúde dos vínculos que realmente estamos vivendo. Exercitando não deixar que aquilo que supostamente acontecerá roube o agora. Quando as vozes dessa onipotência vierem, que possamos nos lembrar que não é o desejo ou a opinião do outro que define e autoriza nossa existência no mundo.

A vida é maior do que a relação de causalidade que a gente tenta colocar em seus movimentos.

A VIDA É MAIOR DO QUE A RELAÇÃO DE CAUSALIDADE QUE A GENTE TENTA COLOCAR EM SEUS MOVIMENTOS.

AMOR DA MINHA VIDA

Nós não transamos, mas é em você que penso quando vejo algo engraçado

É com você que quero conhecer o novo lugar que abriu na cidade, com quem quero visitar novas cidades

É em sua companhia que assistir aos filmes e às séries têm muito mais graça

Pensamos nos shows a que gostaríamos de ir juntas e nas roupas que usaríamos no dia

Sua alegria me transborda, e sua tristeza me afeta tanto quanto meus ossos preveem a chegada das chuvas

Seu colo, abraço e escuta são um ninho, são os nutrientes de que preciso para seguir

Quando você não está, lembro seu nome, conto suas histórias, digo às outras pessoas que amo que elas precisam te conhecer e que o mundo precisa ouvir e ver quão incrível você é

Mas, por mais que eu tente dizer, quem melhor diz é sua risada em cascata, suas peculiaridades e seu apreço pelo amarelo, marrom e verde das plantinhas

Sobre o quanto você consegue fazer com que as crianças, eu e tantas outras gentes mais consigam se sentir em casa consigo mesmas

Quando me ensinaram sobre procurar o amor da minha vida, o subtexto era de que esse amor só seria encontrado com alguém com quem se fizesse sexo

Mas com você percebo que sexo é apenas uma das muitas coisas que poderíamos fazer juntas e agora sei que, para além do que se faz, os amores da vida estão mesmo é na qualidade da companhia

MINHA PEQUENA LIBERDADE

Eu gosto de liberdade, mas também amo aquilo que tem limite
A vastidão sem fim me assombra
E às vezes o que preciso mesmo é de um abraço apertado
Nem sempre quero nadar no mar aberto
Às vezes brincar na poça de água e nos pequenos lagos me deixa igualmente contente
A imensidão das alturas para mim é tão bonita quanto estar no chão
O que é aberto e amplo demais, eu admiro com certo susto
Gosto mais do silêncio que do ruído
O amor para mim é mais caseiro e, mesmo podendo sair, às vezes gosto de ficar

Mas não confunda meu gosto pelas pequenezas com falta de liberdade

Nem pressuponha que te será fácil colocar em mim freios e grades

Porque até mesmo as chaves das minhas "prisões" eu quero mesmo é que continuem na minha mão

CHEGUE DE MANSINHO

Chegue com cuidado nas minhas dores

Elas vêm de muito antes de você

Faça o esforço de lembrar que histórias milenares de feridas coloniais não se iniciam nem terminam em você

Tente não me reduzir aos meus medos, isso também dói

Meu povo está em guerra, não estranhe minha desconfiança

Não sou fria, egoísta ou indisponível emocionalmente,

Mas não te ensinarei meu pulo do gato

Eu te amo e te demonstrarei isso da melhor maneira que conseguir

E, se isso for pouco, entendo sua partida

Mas não me faça dizer mais do que consigo, não me arranque palavras que não tenho

Prometer o que não posso e dar o que não tenho me fazem sentir roubado de mim

Eu sou forte, mas não queria usar minha força apenas para aguentar dor e sofrimento

Quero também ser forte para viver a alegria, a ternura, a serenidade

Em meio a tanta amargura, eu ainda estou aqui, tentando todo dia não repetir as violências que recebi

Pisa levinho no meu terreiro

Chega de mansinho nas minhas memórias

Me ajude a lembrar que as vozes estão erradas e que tenho o direito de amar e ser amada em paz

OBRAS E MÚSICAS CITADAS NO LIVRO

ANJOS, Augusto dos. *Eu e outras poesias*. São Paulo: Martin Claret, 2002. p. 84.

"A paz". Interpretada por Gilberto Gil. Escrita por Gilberto Gil e João Donato. Produzida por Liminha. Fonte: WM Brazil.

"Faltando um pedaço". Interpretada por Djavan. Escrita por Djavan. Produzida por Renato Correa. Fonte: EMI Brazil.

LISPECTOR, Clarice. Por não estarem distraídos. *In*: LISPECTOR, Clarice. *A descoberta do mundo*: crônicas. Rio de Janeiro: Nova Fronteira, 1984. p. 508.

MARTINS, Leda Maria. *Performances do tempo espiralar*: poéticas do corpo-tela. Rio de Janeiro: Cobogó, 2021. p. 23, 36, 81.

MELO NETO, João Cabral de. *Morte e Vida Severina e outros poemas para vozes*. Rio de Janeiro: Objetiva, 2007.

"O leãozinho". Interpretada por Caetano Veloso. Escrita por Caetano Veloso. Produzida por Perinho Albuquerque. Fonte: Universal Music Ltda.

PESSOA, Fernando. Poemas inconjuntos. *In*: *Poemas de Alberto Caeiro*. (Nota explicativa e notas de João Gaspar Simões e Luiz de Montalvor.) Lisboa: Ática, 1946 (10. ed. 1993). p. 83.

"Timoneiro". Interpretada por Paulinho Da Viola. Escrita por Herminio Bello de Carvalho e Paulinho Da Viola. Produzida por Sérgio Carvalho. Fonte: RCA Records Label.

Acreditamos nos livros

Este livro foi composto em Bay Sans e Pedrita (PintassilgoPrints) e impresso pela Lis Gráfica para a Editora Planeta do Brasil em agosto de 2024.